Acreditação hospitalar: gestão da qualidade, mudança organizacional e educação permanente

Gabriela Eyng Possolli

SÉRIE PRINCÍPIOS DA GESTÃO HOSPITALAR

Acreditação hospitalar: gestão da qualidade, mudança organizacional e educação permanente

Gabriela Eyng Possolli

Rua Clara Vendramin, 58 . Mossunguê
CEP 81200-170 . Curitiba . PR . Brasil
Fone: (41) 2106-4170
www.intersaberes.com
editora@intersaberes.com

Conselho editorial
Dr. Alexandre Coutinho Pagliarini
Drª Elena Godoy
Dr. Neri dos Santos
Dr. Ulf Gregor Baranow

Editora-chefe
Lindsay Azambuja

Gerente editorial
Ariadne Nunes Wenger

Assistente editorial
Daniela Viroli Pereira Pinto

Preparação de originais
Palavra Arteira

Capa
Charles L. da Silva (design)
Syda Productions/Shutterstock (imagem)

Projeto gráfico
Charles L. da Silva (design)
MSSA/Shutterstock (imagem)

Diagramação
Andreia Rasmussen

Dados Internacionais de Catalogação na Publicação (CIP)
(Câmara Brasileira do Livro, SP, Brasil)

Possolli, Gabriela Eyng
Acreditação hospitalar: gestão da qualidade, mudança organizacional e educação permanente/Gabriela Eyng Possolli. Curitiba: InterSaberes, 2017.
(Série Princípios da Gestão Hospitalar)

Bibliografia.
ISBN 978-85-5972-370-0

1. Educação permanente 2. Gestão da qualidade 3. Hospitais – Administração 4. Mudança organizacional 5. Serviços de saúde – Administração – Brasil.
I. Título II. Série.

17-02473   CDD-362.1068

Índices para catálogo sistemático:
1. Administração de serviços de saúde: Técnicas de organização 362.1068

1ª edição, 2017.
Foi feito o depósito legal.
Informamos que é de inteira responsabilidade da autora a emissão de conceitos.
Nenhuma parte desta publicação poderá ser reproduzida por qualquer meio ou forma sem a prévia autorização da Editora InterSaberes.
A violação dos direitos autorais é crime estabelecido na Lei n. 9.610/1998 e punido pelo art. 184 do Código Penal.

Sumário

7   *Dedicatória*

9   *Prefácio*

11   *Apresentação*

13   *Como aproveitar ao máximo este livro*

17   *Introdução*

Capítulo 1

**19   Bases conceituais
da acreditação hospitalar**

21   1.1 Qualidade e gestão da qualidade

48   1.2 Auditoria da qualidade em serviços de saúde

57   1.3 Acreditação hospitalar

Capítulo 2

95   Gestão da qualidade em hospitais

97   2.1 Princípios fundadores da gestão da qualidade em hospitais

118   2.2 Processo de acreditação hospitalar na gestão da qualidade

136   2.3 Auditoria interna e externa: observar, avaliar, validar
e projetar a qualidade almejada

Capítulo 3

**169   Educação permanente e capacitação
dos segmentos profissionais na gestão
da qualidade**

171   3.1 Gestão da qualidade dos segmentos hospitalares:
capacitar para a acreditação

217 3.2 Certificações importantes na área hospitalar

225 3.3 Educação permanente como base para o sucesso
da acreditação hospitalar

247 *Para concluir...*

251 *Lista de siglas*

253 *Referências*

279 *Respostas*

283 *Sobre a autora*

Dedicatória

Aos profissionais do Complexo Pequeno
Príncipe e do Instituto de Neurologia de
Curitiba, por me mostrarem na prática
a gestão da qualidade em saúde.
Ao meu filho, Arthur, por ser fonte constante
de inspiração.
À minha família, aos meus amigos e a Deus.

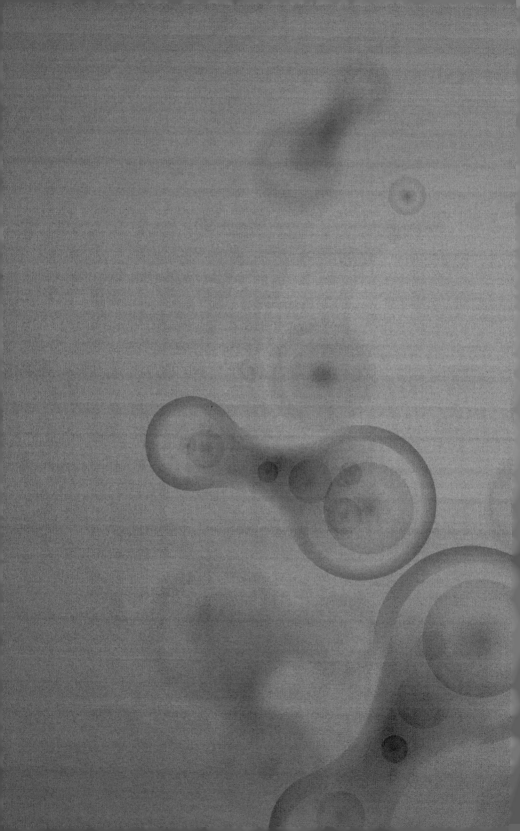

Prefácio

ACREDITAR É APOSTAR NO FUTURO!

Aperfeiçoar práticas gerenciais é um imperativo para uma organização contemporânea – não apenas pelos ganhos de eficiência, eficácia e efetividade, mas, sobretudo, pelo ganho da qualidade dos processos e dos resultados finais e, principalmente, pelo sentido e significado que a organização alcança diante da sociedade com aquilo produz. No caso de um hospital, que presta serviços da saúde, direito original que precede os demais, dedicar-se a garantir uma saúde melhor é, acima de tudo, empreender esforços para multiplicar qualidade de vida e, em muitos casos, seivar a própria existência.

A temática desta publicação é bastante oportuna e relevante no contexto da saúde brasileira, tanto pelos desafios a serem enfrentados quanto pelo impulso e encorajamento das organizações, que devem encontrar o jeito próprio de se reinventarem. O tema da acreditação é central para essa ressignificação, que inclui: a saúde financeira e econômica, a elevação do padrão de desempenho e, ainda, como consequência e recompensa, a credibilidade e reconhecimento social.

O processo de melhoria expande o conhecimento, produz aprendizado, estimula mudanças de hábitos e práticas enraizadas; por tudo isso, tal iniciativa requer coragem, aliança de propósito e ação coletiva. Sendo assim, o controle da qualidade precisa ser adotado como método de trabalho e incorporado como prática cotidiana, envolvendo todos os profissionais: médicos, enfermeiros, técnicos de enfermagem, pessoal administrativo, enfim, todos os que fazem o hospital. A acreditação mexe com as pessoas, com os processos, com os métodos de trabalho, enfim, com a cultura organizacional. A mudança provocada implica desestabilizar o padrão vigente, para em seguida consolidar um novo padrão, melhor que o anterior. Dessa forma, seguir a jornada em espiral contínua de evolução do conhecimento e das práticas passa a ser um compromisso de todos, gerando novas esperanças.

Os processos de melhoria da qualidade e acreditação são trabalhosos, complexos e delicados, além de serem um esforço localizado, assumido por poucas instituições. Essa é a realidade que a obra *Acreditação hospitalar: gestão da qualidade, mudança organizacional e educação permanente* deseja mudar: a professora doutora Gabriela Eyng Possolli apresenta as bases conceituais referentes à qualidade e à gestão da qualidade em serviços de saúde, aprofundando as dimensões da acreditação e dos processos de auditoria hospitalar, finalizando com a rica perspectiva da educação permanente como base para o sucesso da acreditação hospitalar.

Nesse sentido, o conhecimento sistematizado nesta publicação tem potencial para alcançar de maneira didática, antecipatória e educativa todos aqueles que encaram o desafio da evolução diária. A leitura dos ensinamentos aqui contidos pode ter um efeito bastante benéfico de fornecer informações essenciais sobre a acreditação, bem como desmistificar o processo, reduzir o medo e as resistências e trazer um embasamento encorajador. Por tudo isso, mãos à obra! Vamos fazer e promover saúde de qualidade, garantindo direitos e celebrando as conquistas no trabalho, assim como as tantas vidas bem cuidadas. Boa leitura, bom proveito e boa aplicação!

ETY CRISTINA FORTE CARNEIRO

DIRETORA EXECUTIVA DO HOSPITAL PEQUENO PRÍNCIPE

PATRICIA MARIA FORTE RAULI

DIRETORA-GERAL DAS FACULDADES PEQUENO PRÍNCIPE

Apresentação

A área de acreditação, como resultado da gestão da qualidade, está em plena expansão nas instituições de todos os segmentos, sobretudo na área da saúde, cuja premissa é a excelência de seus serviços, que salvam vidas e garantem a qualidade de vida da população. Desse modo, a escrita de uma obra nessa área traz uma importante contribuição para a gestão hospitalar e para a área da saúde como um todo, com repercussão nas áreas de gestão de pessoas, gestão da qualidade e gestão do conhecimento.

Para além de nomes técnicos, conceitos, classificações, esquemas, siglas e passos, este livro objetiva apresentar o universo hospitalar sob a ótica da gestão da qualidade, compreendendo o hospital como um organismo vivo, em que pessoas (pacientes, familiares, médicos, enfermeiros, diretores, fornecedores, seguranças, zeladores, farmacêuticos, entre tantos outros atores) convivem e interagem por meio de processos de acolhimento, diagnóstico, orientação, encaminhamento, tratamento, medicação e acompanhamento daquele que sofre de algum problema de saúde.

Este livro destina-se tanto a profissionais em formação quanto àqueles já atuantes no mercado na área de saúde e de gestão organizacional interessados na área da gestão da qualidade e nos processos de certificação que levam à acreditação.

Os conteúdos desta obra tratam cada conceito e ação de qualidade com embasamento teórico-prático que o auxiliará a imaginar situações e processos em um hospital. Como uma provocação inicial, partamos da ideia de que *acreditação* envolve, antes de tudo, o ato de acreditar que a saúde no Brasil e das organizações hospitalares podem dispor de referências, boas práticas e caminhos para atender a população com excelência, uso racional dos recursos, sustentabilidade financeira e resultados infinitamente mais eficazes do que temos visto há tanto tempo nos noticiários veiculados nas mais diversas mídias.

Este material estrutura-se em três capítulos: o primeiro trata das bases conceituais da temática, com destaque para os seguintes temas: qualidade e gestão da qualidade nas organizações em geral e na área da saúde; auditoria de qualidade em serviços de saúde; e acreditação hospitalar por meio de uma conceituação fundamentada. O segundo versa sobre a gestão da qualidade em hospitais, contemplando os seguintes tópicos: princípios da qualidade em hospitais; processo de acreditação; perspectiva histórica da qualidade e da acreditação; qualidade e acreditação na contemporaneidade; auditoria interna e externa; aspectos históricos da auditoria em saúde; relação entre auditoria interna e externa. O terceiro aborda a educação permanente e o os diversos segmentos profissionais na gestão da qualidade com vistas à acreditação. Os segmentos destacados no terceiro capítulo são: enfermagem, corpo médico, gestão e administração, análises clínicas, farmácia, radiologia, nutrição, segurança, manutenção e centro de materiais e esterilização. As certificações da Organização Nacional de Acreditação (ONA) e da Associação Brasileira de Normas Técnicas (ABNT) – a ISO 9001 –, as mais importantes na área hospitalar, também são abordadas nesse capítulo. No final do terceiro capítulo a educação permanente é abordada como um instrumento para a acreditação, sendo destacados tópicos sobre: conhecimento organizacional, aprendizagem organizacional, pesquisa e desenvolvimento.

Desejamos a todos os leitores uma boa experiência de construção de conhecimentos e reflexão crítica sobre acreditação hospitalar.

Como aproveitar ao máximo este livro

Este livro traz alguns recursos que visam enriquecer seu aprendizado, facilitar a compreensão dos conteúdos e tornar a leitura mais dinâmica. São ferramentas projetadas de acordo com a natureza dos temas que vamos examinar. Veja a seguir como esses recursos se encontram distribuídos no decorrer desta obra.

Conteúdos do capítulo:

Logo na abertura do capítulo, você fica conhecendo os conteúdos que nele serão abordados.

Após o estudo deste capítulo, você será capaz de:

Você também é informado a respeito das competências que irá desenvolver e dos conhecimentos que irá adquirir com o estudo do capítulo.

Síntese

Você dispõe, ao final do capítulo, de uma síntese que traz os principais conceitos abordados.

Questões para revisão

Com estas atividades, você tem a possibilidade de rever os principais conceitos analisados. Ao final do livro, a autora disponibiliza as respostas às questões, a fim de que você possa verificar como está sua aprendizagem.

Acreditação hospitalar

Questões para reflexão

Nesta seção, a proposta é levá-lo a refletir criticamente sobre alguns assuntos e a trocar ideias e experiências com seus pares.

Para saber mais

Você pode consultar as obras indicadas nesta seção para aprofundar sua aprendizagem.

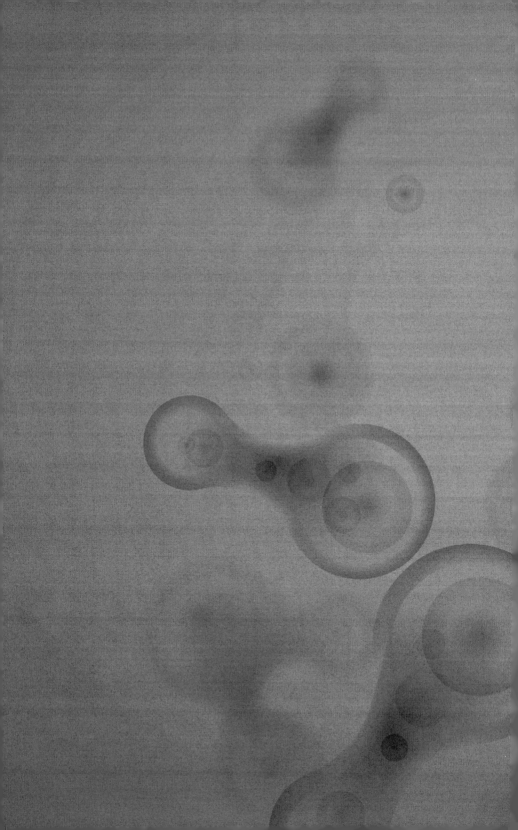

Introdução

A acreditação hospitalar é uma temática muito instigante, já que envolve todos os setores da organização, a mudança contínua, o autoconhecimento profissional, setorial e de processos, o descobrimento de práticas, o significado de ações e rotinas e a aprendizagem corporativa permanente.

Quando se candidata ao processo de acreditação, fato que sempre é voluntário, o hospital está assumindo uma tarefa árdua e longa que exigirá uma revisão constante de suas práticas: revisitar suas certezas, reconstruir caminhos e abrir horizontes para ser mais e melhor em favor de seus clientes, da comunidade, dos colaboradores e de toda a cadeia produtiva. O caminho da qualidade passará fatalmente pela auditoria, cuja trajetória desemboca na acreditação.

Para introduzir a temática desta obra, é preciso compreendermos logo de início que a acreditação de uma instituição diz respeito a um processo de avaliação periódica e confidencial da infraestrutura e de práticas organizacionais, que objetiva "garantir a qualidade dos produtos e serviços através da observação de determinados padrões previamente estabelecidos através de determinados normativos" (Nunes, 2015). Uma organização passa a ser acreditada quando seus recursos institucionais e atividades são avaliados e considerados adequados "aos padrões de qualidade estabelecidos para a obtenção [de uma determinada] certificação de acreditação (por exemplo, a avaliação da conformidade relativamente a normativos de qualidade) [da ONA para hospitais]" (Nunes, 2015). A Organização Nacional de Acreditação (ONA) define o termo *acreditação*, de modo breve, como um "sistema de avaliação e certificação da qualidade de serviços de saúde" (ONA, 2017b)

Passando longe da ideia de que a acreditação serve para ganhar visibilidade, financiamento ou vantagem competitiva, que são consequências reais, mas de menor importância, afirmamos que a acreditação eleva a assistência em saúde a outro patamar – do atendimento que satisfaz, da terapia que cura, da consulta que esclarece, da medicação que se adéqua ao perfil do doente, do exame que chega no prazo com imagem perfeita e laudo caprichado, da nutrição que supre as necessidades específicas, enfim, do serviço de saúde que chega mais perto das estatísticas de cura preconizadas na literatura, do cuidado próximo e humanizado, que torna o paciente uma pessoa com nome, sobrenome e história, não mais o "senhor do quarto X".

Capítulo 1
Bases conceituais da acreditação hospitalar

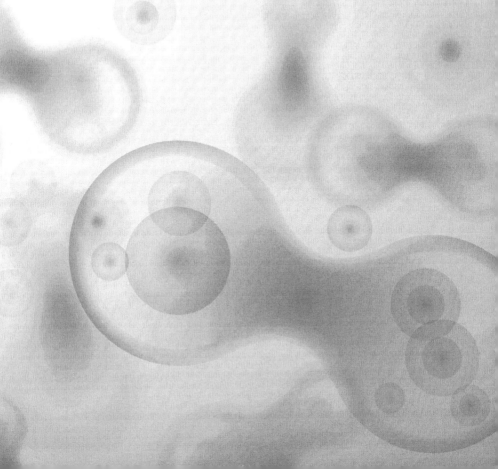

Conteúdos do capítulo:

- Bases conceituais da acreditação hospitalar.
- Qualidade e gestão da qualidade na área hospitalar.
- Auditoria de serviços de saúde.
- Acreditação como processo gerencial.
- Acreditação na saúde e em hospitais.

Após o estudo deste capítulo, você será capaz de:

1. compreender conceitualmente as definições e o contexto problematizador dos termos *acreditação, qualidade, gestão da qualidade* e *auditoria*;
2. contextualizar o conceito, o histórico e a aplicação da gestão da qualidade nas organizações, mais especificamente nas da área de saúde;
3. compreender a auditoria interna e externa como processo indispensável para a qualidade e a acreditação;
4. situar o termo *acreditação* no campo da gestão da qualidade, entendendo seu histórico, as instituições acreditadoras e sua respectiva aplicação nos serviços de saúde.

Você saberia definir *qualidade*? E *gestão da qualidade em saúde*? Talvez possa indicar alguns critérios ou conceitos relacionados, mas essa definição não é algo fácil, não é mesmo? E a palavra *acreditação*, sabe o que significa? Será que é simplesmente "acreditar em alguma coisa"? As respostas a essas questões serão dadas neste capítulo, que expõe as bases conceituais da acreditação hospitalar, divididas em três pilares, cujas especificidades são as seguintes:

1. **Qualidade e gestão da qualidade**: resgate histórico, conceitos, conjuntura organizacional, aspectos de gestão, qualidade total, evolução paradigmática, princípios, liderança, modelo de referência para processos e tarefas, gestão da qualidade em saúde (história, conceito, vertentes, características, relevância, desdobramentos, implicações nos segmentos profissionais).
2. **Auditoria de qualidade em serviços de saúde**: contexto de surgimento, conceito, aspectos legais, organismos de referência, tipos, antecedentes e implicações.
3. **Acreditação hospitalar**: aspectos etimológicos, históricos, estratégicos, organizacionais, educacionais e hospitalares.

Vejamos cada um desses itens em maiores detalhes nas seções a seguir.

1.1 Qualidade e gestão da qualidade

Você já parou para pensar sobre quais são os primeiros registros históricos com relação à qualidade na humanidade? No Antigo Egito, ainda nos tempos dos faraós, a gestão da qualidade estava presente na existência de "dois tipos de labores: uns realizavam tarefas, outros fiscalizavam o que os primeiros tinham feito" (Rodrigues et al., 2011, p. 15). Por meio da análise dos padrões arquiteturais e artesanais de vários povos antigos, é possível identificar a busca pela qualidade. Na engenharia das estruturas e na arquitetura precisa e harmoniosa de gregos e romanos, destaca-se a qualidade das construções, bem como os rigorosos processos de construção e controle de produção. Dando um salto no tempo, chegamos às palavras de Paladini (1995, p. 7):

Nos séculos XII e XIII surgem as primeiras regras na busca da qualidade dos processos. No período da pré-revolução industrial, a qualidade de um produto era definida pela reputação da habilidade e do talento do artesão responsável pela produção. Os artesãos controlavam a qualidade de seus produtos e estavam em constante contado com seus clientes.

Uma mudança importante na organização dos meios de produção se deu com o crescimento da população mundial e o aumento da demanda por produtos e serviços, eventos que deram origem às corporações de ofício. Desse modo, iniciou-se a divisão entre produção e controle de qualidade. Com a massificação da produção no século XIX, foram "implantados os primeiros procedimentos e especificações de fabricação, mesmo que no princípio de forma verbal" (Rodrigues et al., 2011, p. 16).

O processo de qualidade tem outro marco importante no começo do século XX, com o taylorismo, que, por meio da administração científica, passou a enfatizar a conformidade de processos e produtos com diretrizes previamente determinadas, visando à qualidade. Frederick Taylor inaugurou a ideia de se "analisar e medir a forma como o trabalho se realizava, para torná-lo mais eficaz, estudando tempos e movimentos" (Rodrigues, et al 2011, p. 17). A partir da industrialização se desenvolveram sistemas de inspeção para exame de atributos e especificações de produtos e serviços, que eram checados e testados. Surgiu assim a figura do supervisor de qualidade como responsável por acompanhar o processo e inspecionar os resultados.

Como evoluiu o conceito de qualidade? A base conceitual foi sempre a mesma ou ocorreram ressignificações? Na verdade, o entendimento do termo *qualidade* evoluiu, passando da ideia de *adequação a normas e padrões* para *adequação às necessidades dos clientes de uma instituição*. As concepções e os estudos de gestão da qualidade acompanharam essa evolução, passando a enfatizar o chão da fábrica e envolvendo cada vez mais os processos de organização como um todo (Shiba; Graham; Walden, 1993).

Em 1946, com o fim da Segunda Guerra mundial, foi criada a Sociedade Americana para o Controle de Qualidade (ASQC). Nesse mesmo período foi fundada a União Japonesa dos Cientistas e Engenheiros (Juse). Com as contribuições das experiências americanas, os japoneses aprenderam técnicas para produção com qualidade e produtividade (Rodrigues et al., 2011). Mas foi a partir das décadas de 1950 e 1960 que de fato se consolidou a preocupação com a qualidade, acompanhada de uma nova filosofia gerencial:

> A gestão da qualidade total, como ficou conhecida, marcou o deslocamento da análise do produto ou serviço para a concepção de um sistema da qualidade. Assim, a qualidade deixou de ser responsabilidade de um departamento ou conjunto de pessoas, e passou a ser um problema de toda a organização, abrangendo, como tal, todos os aspectos de sua operação. (Rodrigues et al., 2011, p. 20)

Nessa trajetória, a gestão pela qualidade total (GQT) passou a ser significativa para as organizações conquistarem uma posição relevante no mercado e oferecerem serviços de qualidade, buscando a excelência e a satisfação dos clientes. Essa mudança de enfoque foi muito positiva, não é mesmo? Uma pesquisa britânica sobre as implicações de programas de gestão da qualidade total concluiu que os efeitos são benéficos e têm a capacitadade de alavancar a incorporação de mudanças permanentes em rotinas e processos. Ainda assim, mesmo com o reconhecimento dos resultados desse tipo de gestão, algumas organizações optam por aferir o desempenho sem considerar as mudanças no mercado que podem ocorrer pela adoção de programas de qualidade. Fica claro que, para entender o "relacionamento entre atividades da qualidade e o desempenho dos negócios, é preciso desenvolver um método mais sofisticado de medição dos efeitos das atividades de qualidade" (Mann; Kehoe, 2004, p. 42, tradução nossa), levando em conta a realidade de cada instituição.

É desejável que os indicadores de desempenho utilizados para verificar a evolução de métricas de qualidade total mudem e se adaptem ao contexto atual; porém, essa demanda é pouco verificada. Na década de 1990, várias instituições passaram a aplicar preceitos e procedimentos visando à melhoria da qualidade de processos, produtos e serviços. Entretanto, a implementação de algumas normativas de qualidade se tornaram modismos ou foram interpretadas de forma inadequada, pois as organizações "não resolveram a questão das medidas e recompensas de desempenho" (Huge, citado por Martins; Costa Neto, 1998, p. 299).

O alvo primário de uma organização cuja gestão esteja centrada nos *stakeholders*[1] deve estar na qualidade do atendimento e na satisfação e fidelização dos clientes internos e externos. *Stakeholders* são os pacientes, os empregados, os acionistas, os fornecedores e a sociedade, cada grupo com focos e necessidades diferenciadas. Assim, procedimentos específicos para a efetivação da gestão da qualidade, conforme o ciclo planejar-manter--melhorar a qualidade, tornam necessárias ações que demandam tempo e custos direcionados. Cabe frisarmos que os retrabalhos, os erros e todos os problemas ocasionados pela falta de qualidade também implica custos e tempo.

Nesse sentido, Juran (1998) afirma que os custos para obtenção de um nível satisfatório de qualidade podem ser divididos em **custos evitáveis** e **custos inevitáveis.** Os primeiros estão associados à prevenção de erros e à avaliação de processos (desenvolvimento de fornecedores, supervisão, controle do processos e atividades específicas, revisão de projeto, registro e documentação, entre outros fatores). Já os segundos dizem respeito à resolução de defeitos e falhas identificados nas instituições (retrabalho, refugo, reclassificação e readequação de produtos e serviços, cortes e mudanças em procedimentos ineficientes, entre outros) e outros custos identificados quando o serviço já foi prestado (processamento de reclamações, processos de indenização, perda de pacientes, processos de refação de exames e procedimentos). Ainda de acordo com Juran (1998), os custos evitáveis (incluindo

---

1 Termo da língua inglesa – *stake* significa "interesse, participação"; *holder* significa "aquele que possui". Desse modo, *stakeholder* diz respeito à **"parte interessada ou interveniente.** É uma palavra em inglês muito utilizada nas áreas de **comunicação, administração e tecnologia da informação** cujo objetivo é designar as pessoas e grupos mais importantes para um planejamento estratégico ou plano de negócios [...]" (Significados, 2016, grifo do original).

Bases conceituais da acreditação hospitalar

falhas internas e externas) levam à sustentabilidade dos processos e redução de custos, uma vez que são significativamente minimizados com o investimento sério e duradouro na melhoria da qualidade. O retorno dos esforços para minimizar e até mesmo abolir esses custos evitáveis pode se tornar substancial, considerando-se os níveis de qualidade que podem ser atingidos dentro de programas de qualidade e certificações de acreditação desenvolvidos em organizações que representam milhares de casos de sucesso. Na visão de Martins e Costa Neto (1998, p. 301)

> *Mesmo não sendo um tema recente, **custos da qualidade** ainda é pouco conhecido no Brasil. Essa ferramenta, que surgiu na literatura internacional na década de 50, foi introduzida no país nos anos 70 por algumas empresas multinacionais e só recentemente, com a questão da qualidade ganhando mais relevância, é que se obteve uma maior divulgação e, consequentemente, um maior número de casos de implantação.* (Mattos; Toledo, 1998, grifo nosso)

Nas últimas três décadas, as organizações de variados segmentos de atuação têm buscado implementar modelos gerenciais que incorporem a abordagem da GQT e certificar seus sistemas da qualidade, com a intenção de eliminar restrições a seus produtos e serviços e se tornar mais competitivas em um mercado globalizado de rápidas mudanças. Neste ponto, convém destacarmos a relevância de um sistema de custos da qualidade (SCQ): não é requisito para certificação do sistema da qualidade; porém, é sabido que uma empresa certificada tem um ambiente favorável para implantação do SCQ como ferramenta de gestão. Esse ambiente adequado se desenvolve graças à definição e sistematização de atividades que garantem a qualidade e à existência de informações sobre o desempenho em qualidade nos processos institucionais, bem como em virtude da demanda das instâncias de diretoria que desejam ter acesso a informações fidedignas que embasem a análise do desempenho e da eficácia integral do sistema da qualidade em vigor.

Na abordagem da qualidade total, o SCQ "contribui para avaliar os custos de obtenção da qualidade e os custos das perdas por qualidade, apontando deficiências na gestão da qualidade e contribuindo para as ações de melhoria contínua em todo o sistema produtivo" (Mattos; Toledo, 1998).

Tendo em vista os conteúdos expostos até este ponto, podemos afirmar que o conceito de qualidade, como elemento estruturador de um modelo de gestão, está em constante atualização, o que é desejável para que a qualidade seja abordada sempre com um viés atual e inovador. Vários autores utilizam a terminologia *gestão pela qualidade* para se referirem ao conjunto de técnicas e sistemas de gerenciamento embasados na qualidade em sentido amplo. Essa designação foi adotada, na contracorrente da tendência reducionista e de compartimentarização do saber, uma vez que a gestão pela qualidade é uma temática que abrange atualmente todo tipo de organização, independentemente de porte, área, natureza administrativa e abrangência de seus produtos e serviços (Delázaro Filho, 1998; FNQ, 2008).

Quando a organização tem em vista a amplitude do conceito de qualidade, ela também deve ter em mente a importância dos indicadores de desempenho da qualidade, que são formas de representar, por meio de índices e métricas estatísticas, as características de produtos e processos. Indicadores de desempenho de qualidade são "mecanismos que apontam se a organização está sendo eficiente e competitiva em relação às demandas dos clientes" (Machado Junior; Rotondaro, 2003, p. 218) e da sociedade em geral, que devem orientar a melhoria do desempenho operacional e estratégico.

Convém lembrarmos que o termo *qualidade* faz parte de um conjunto de palavras que possui múltiplos significados. Por isso, cabe às organizações identificar em sua missão e visão o caminho de qualidade a ser trilhado. A Figura 1.1, a seguir, apresenta um esquema que sintetiza a evolução do conceito de qualidade ao longo de diversas eras da história da humanidade.

Figura 1.1 – Evolução do conceito de qualidade

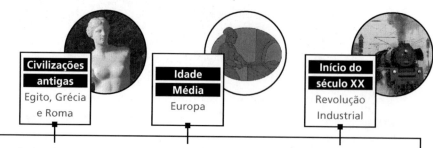

Civilizações antigas
Egito, Grécia e Roma

Idade Média
Europa

Início do século XX
Revolução Industrial

- Padronizações e controle de produções artísticas e arquitetônicas.

- Artesãos e artífices baseavam a qualidade dos produtos na reputação, habilidade e relação com clientes.

- Ênfase na conformidade de produtos e serviços.
- Produção em massa fez com que se criassem sistemas de inspeção e controle de qualidade.

- Conceito amplo que extrapola o produto.
- Ênfase em todo o sistema/organização.
- Valorização dos clientes e sua satisfação.
- Demandas de mercado e redução de custos operacionais.

- Quantificação de custos de qualidade.
- Controle total da qualidade.
- Técnicas de contabilidade (das áreas militar, eletrônica e aeroespacial).
- Programa Zero Defeito.

Início do século XXI

Meados do século XX

Alexander Donchev, patrimonio designs ltd, Ugis Riba, BrAt82 e Nucleartist/Shutterstock

28 Acreditação hospitalar

Com base no esquema didático apresentado na Figura 1.1, ficam claras a progressão do conceito de qualidade e sua relevancia em cada fase histórica humanidade. Antes de entrar propriamente na perspectiva da qualidade na área da saúde, é importante abordarmos pressupostos contemporâneos que fundamentam as discussões da área de gestão da qualidade, advindos principalmente do campo de estudos da administração.

A gestão da qualidade, aplicável a qualquer tipo de organização, diz respeito a uma atividade coordenada que visa gerir e controlar uma organização e possibilitar a melhoria de seus produtos ou serviços, para que se garanta uma completa satisfação das necessidades de seus clientes. Assim, a gestão da qualidade não implica obrigatoriamente a adoção de alguma certificação. No entanto, sem gestão da qualidade, não há meios para que uma organização seja acreditada.

Mas como ter certeza de que a gestão da qualidade está tendo resultados adequados a um processo de acreditação? Em linhas gerais, para se verificar a eficácia da gestão da qualidade em uma organização, é preciso observar a presença de alguns princípios destacados por Carpinetti (2010), a saber: foco no cliente; liderança e comprometimento; visão sistêmica e abordagem por processos; melhoria contínua; abordagem decisória baseada em fatos; benefícios com fornecedores.

Foco no cliente

Organizações dos mais variados setores de atuação tem como motivação de existência a satisfação das necessidades de seus clientes por meio de seus processos produtivos. Duas questões são essenciais nesse princípio: 1) introjetar a visão de mercado sobre os requisitos de produtos ou serviços para os processos internos; 2) promover o engajamento de todos os setores visando atender os requisitos dos clientes.

> *Depois de mapeados dos clientes, a organização pode se utilizar de vários recursos para capturar os requisitos dos clientes e avaliar o grau de satisfação dos clientes. O contexto da cadeia em que a empresa se insere, o tipo de relacionamento e o número de clientes são os principais fatores para definição dos métodos para o levantamento de requisitos dos clientes e também para avaliação da percepção dos clientes quanto aos produtos e/ou serviços oferecidos.* (Carpinetti, 2010, p. 34)

O princípio de foco no cliente se estende a outras partes da cadeia produtiva de uma organização: os *stakeholders*, que podem ser, além dos clientes, funcionários, parceiros da cadeia de suprimentos, fornecedores, acionistas, membros de organizações da sociedade civil e, em alguns casos, até mesmo órgãos públicos e agências reguladoras. O quadro a seguir especifica alguns tipos de *stakeholders* e suas expectativas.

Quadro 1.1 – *Stakeholders* e suas expectativas

Stakeholder	Expectativas
Clientes	Atendimento de requisitos.
Funcionários	Ambiente desafiador e gratificante; talento reconhecido; compensação financeira.
Cadeia de suprimentos	Acordos de longo prazo; relações mutuamente benéficas.
Acionistas	Valor econômico; lucratividade; valorização da marca.
Agências reguladoras	Atendimento às normas vigentes, responsabilidade social.

Liderança e comprometimento

Os líderes em uma organização são responsáveis por criar e sustentar um ambiente favorável para que as pessoas se comprometam e realizem suas funções de modo adequado, sempre motivadas e envolvidas para atingir os objetivos organizacionais. Toda organização é composta por pessoas que, integradas, formam a essência e a personalidade do empreendimento. Desse modo, a gestão da qualidade exige o comprometimento de todos, possibilitando o uso de suas habilidades e cooperação para o benefício da organização.

Os líderes são "agentes de mudança, são pessoas que influenciam as outras mais do que essas os afetam" (Bass, 1990, p. 19, tradução nossa). Destacamos aqui o papel do líder como agente de mudanças, como aquele que coordena e dirige ações de uma equipe visando a objetivos compartilhados. Outros elementos cruciais devem ser agregados a essa definição, como: influência sobre a cultura e clima institucionais; organização e reorganização de situações; objetivos e estratégias; interação; mediação; confiança e aprovação; motivação do grupo e identidade.

Jordão (2004) destaca que a liderança genuína se fundamenta em propósito, visão e valores. O autor acrescenta que os líderes "têm como missão guiar a organização e desenvolver outros líderes. Buscando isso, o líder se destaca, acima de tudo, influenciando as pessoas. Liderar é um fenômeno social" (Jordão, 2004, p. 43). Bennis (2004, p. 29) segue essa mesma linha de análise:

> *A liderança sempre existiu e ao defini-la verifica-se que está ligada a um fenômeno grupal, consiste em uma influência exercida intencionalmente por parte do indivíduo que lidera sobre as outras pessoas. O processo de liderança tem mão dupla. Não abrange apenas o cargo de líder,*

necessita da cooperação das pessoas, e o objetivo final só se concretizará se as ações pretendidas pelo líder forem assimiladas e correspondidas pelos subordinados.

Um líder, no exercício de sua liderança, apresenta um perfil por meio de características relativas às ações que irá coordenar: liderança autocrática, liderança democrática e liderança liberal (Tanaka, 2013):

- **Liderança autocrática**: o líder exige obediência; compete a ele delinear as regras de ação e conduzir a tomada de decisões. Não admite erros e é resistente a opiniões diferentes das dele.

- **Liderança democrática**: o líder consulta, levanta ideias e sugestões do grupo. Todos são encorajados a participar das determinações e a delinear objetivos que sejam compartilhados. O líder é sempre motivador e restruturador das ações conjuntas.

- **Liderança liberal**: o líder sugere ações e deixa que os envolvidos decidam. Comporta-se como o centro de informações ao grupo, decidindo regras e objetivos e dispondo caminhos com os grupos que podem traçar a melhor metodologia, desde que cumpram o que foi disposto.

A liderança democrática participativa é um estilo importante para uma gestão de qualidade comprometida com as pessoas envolvidas e o trabalho compartilhado. "Neste estilo de liderança, todo o grupo pode e deve contribuir com sugestões. A responsabilidade do líder é dirigir estas opiniões para que, na prática, atinjam os objetivos esperados" (Silva et al., 2016, p. 8).

Visão sistêmica e abordagem por processos

A visão sistêmica na gestão da qualidade permite que ações inter-relacionadas sejam pontuadas, compreendidas e gerenciadas de modo a melhorar a *performance* da organização como um todo. Já a abordagem por processos conduz à visão sistêmica dos fluxos e funções em uma organização, possibilitando que os objetivos sejam cumpridos com maior qualidade.

Um processo diz respeito a um conjunto de atividades que modificam uma ou mais entradas (*input*) de dados ou materiais em uma ou mais saídas (*output*), por meio da mobilização de recursos organizacionais. Desse modo, um processo se caracteriza por *inputs* e *outputs*, atividades e fluxos de materiais e/ou informações.

Todas as atividades de uma organização necessárias para o atendimento do mercado podem ser agrupadas em processos. Os processos por sua vez se agrupam em uma cadeia de valor. Ou seja, uma sequência de processos e atividades necessárias para agregação de valor e de entrega dos produtos/serviços aos clientes. (Carpinetti, 2010, p. 36)

O American Productivity and Quality Center (APQC) criou um modelo de referência de processos com base em uma organização genérica. Nesse modelo, atividades e processos são classificados como primários ou de suporte à cadeia interna de valor, conforme ilustrado na Figura 1.2.

Figura 1.2 – Modelo de referência: processos primários e de suporte

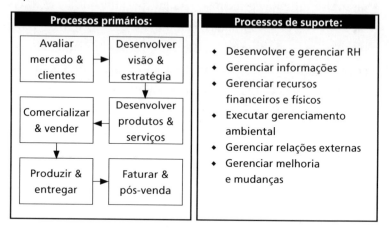

Fonte: Elaborado com base em Carpinetti, 2010.

Sistema pode ser definido como um conjunto de elementos interdependentes que se vinculam a objetos comuns compondo um todo integrado. Os produtos de um sistema irão depender da interação entre as partes. A visão de uma organização como "um conjunto de processos e atividades de realização de produtos/serviços na cadeia interna de valor corresponde a uma visão sistêmica da organização" (Carpinetti, 2010, p. 39).

É importante frisarmos ainda que os processos dispõem de hierarquia entre si, isto é, uma vez que processos são compostos por conjuntos de atividades, que, por sua vez, são formadas por grupos de tarefas, pode-se dizer que os processos se particionam em processos menores, atividades e tarefas, como ilustra a Figura 1.3, a seguir.

Figura 1.3 – Hierarquia de processos

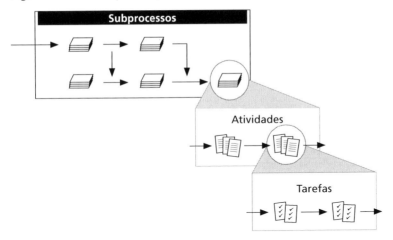

Fonte: Elaborado com base em Carpinetti, 2010.

Esses processos e atividades perpassam a estrutura funcional da organização, agregando sujeitos de diversas áreas funcionais (conforme representado na Figura 1.4) para efetivação dos processos de desenvolvimento de produtos/serviços aos clientes. A concretização das atividades e dos processos de uma cadeia interna de valor "necessita da integração de diferentes áreas de conhecimentos, que normalmente são agrupadas por funções, que definem a estrutura funcional da organização" (Carpinetti, 2010, p. 38).

Figura 1.4 – Envolvimento de áreas funcionais no processo de atendimento de pedido

Fonte: Elaborado com base em Carpinetti, 2010.

Melhoria contínua

Trata-se de um processo que objetiva manter a qualidade de produtos e serviços com base em demandas organizacionais atuais e futuras da cadeia produtiva e dos clientes.

Abordagem decisória baseada em fatos

Na gestão de qualidade, as decisões são tomadas com base em fatos e análise de informações fidedignas, levando à manutenção de um processo eficiente de acompanhamento.

Benefícios com fornecedores

Manter relacionamentos de benefício mútuo com fornecedores por meio de alianças estratégicas, parcerias e políticas de confiança, já que a ação conjunta facilita a criação e manutenção de uma cadeia de valor.

1.1.1 Gestão da qualidade em serviços de saúde

Aplicando os conceitos até aqui abordados de gestão da qualidade para a área da saúde cabe a seguinte pergunta: Como se pode compreender a gestão da qualidade em saúde? Em busca de respostas, fatalmente precisamos abordar Donabedian (1980), que entende a qualidade na atenção em saúde como a aquisição dos maiores benefícios, aliados aos menores riscos para o paciente com o menor custo possível. A qualidade em serviços de saúde precisa integrar-se a processos institucionais para ser aferida e aperfeiçoada constantemente e naturalizada internamente, tornando-se foco de esforços de agentes do contexto, tendo em vista a excelência no atendimento aos clientes (Nogueira, 1999). O conceito de *qualidade em saúde* provoca intensos debates com relação aos desafios e às limitações da significação desse conceito complexo, que congrega aspectos científicos, técnicos, culturais e sociais.

Podemos apontar certas características que definem a qualidade em hospitais como: 1) qualidade de produtos: exames de laboratório, exames radiológicos, refeições, limpeza e conservação predial; 2) qualidade de serviços: fisioterapia, psicologia, serviço social, financeiro; 3) qualidade de grupos profissionais: médicos, enfermeiros, equipe de apoio, administração (Bonato, 2007).

É importante ressaltarmos, como pontuado por Gurgel Júnior e Vieira (2002), que certas particularidades na gestão de organizações hospitalares representam barreiras ao desenvolvimento de programas de qualidade. Silva et al. (2010, p. 125) destacam conflitos que são amplamente difundidos na literatura sobre o posicionamento da área da saúde entre "as necessidades humanas do público atendido e as prioridades econômicas e mercantis que estas possuem, bem como aos aspectos subjetivos e diversificados presentes nas demandas do público quanto no comportamento dos profissionais que se relacionam com tais organizações [hospitalares]". Tal posicionamento dos hospitais dificulta a padronização e sistematização da gestão dos processos e serviços. Nesse cenário, Donabedian (1985), um dos autores pioneiros na discussão sobre qualidade em saúde, destaca que a concepção desse conceito precisa envolver elementos técnicos e relacionais, abrangendo a aplicação de saberes e tecnologias médicas, contemplando ainda estratégias de gestão da interação social e psicológica entre profissionais, pacientes e familiares.

No início da década de 1980, a Organização Mundial da Saúde (OMS) registrou que o atendimento em saúde é realizado por grupos nem sempre homogêneos que podem não contribuir para o trabalho em equipe, prejudicando a gestão da qualidade, já que essa atividade exige coesão, comprometimento, uso eficaz de recursos e o menor risco possível aos pacientes. Só assim é possível proporcionar satisfação e excelência aos clientes com base nos valores sociais existentes (Tronchin, citado por Kurcgant, 2005)

A avaliação da qualidade em saúde, segundo Vaitsman e Andrade (2005), focaliza-se as dimensões objetivas e quantificáveis, não valorizando do mesmo modo as dimensões humanas e subjetivas, cuja aferição é mais complexa. É fundamental levar em consideração tanto os aspectos objetivos quanto os subjetivos, pois não se pode falar em *qualidade* desconsiderando a humanização dos serviços de saúde. A dimensão humana diz respeito ao campo das "relações intersubjetivas, simbólicas e historicamente situadas, que se processam nas práticas sociais ocorridas na área da saúde" (Vaitsman; Andrade, citados por Silva et al., 2010, p. 7), e que precisam necessariamente estar presentes nos parâmetros de qualidade.

A partir dos estudos de Donabedian (1985), que se tornou referência para a escola de gestão da qualidade em saúde, os processos de avaliação da qualidade em hospitais passaram a incorporar de modo significativo a percepção do paciente, de modo que a qualidade em saúde passou a ser observada e aferida por meio da visão de três componentes do processo: 1) a equipe médica; 2) o paciente; 3) a comunidade. Essa transformação de perspectiva possibilitou que pesquisas sobre satisfação do usuário ganhassem força, tanto na esfera pública como na privada, tornando possível a abordagem dos diversos aspectos do atendimento e do cuidado em saúde. Entre eles está a relação entre médicos e demais profissionais de saúde com o paciente e sua família, as condições de instalação e operação de hospitais, entre outros serviços. A visão do paciente como um cliente, um consumidor de serviços, também deriva das mudanças nessa área de estudos. Esse entendimento busca a valorização da relação do paciente com os profissionais de saúde, desconstruindo a ideia do paciente passivo diante do médico e de seu tratamento. Fortaleceu-se a visão do "paciente como portador de direitos, da possibilidade de agir para garanti-los e obter serviços com excelência" (Sitzia; Wood, 1997, p. 1833, tradução nossa).

Donabedian (1980) afirma em seus estudos que a qualidade em serviços hospitalares e de saúde gravita em torno de três macrovertentes que constituem fundamentos operacionais:

1) estrutura; 2) processos; 3) resultados – conforme detalhado no Quadro 1.2, a seguir.

Quadro 1.2 – Macrovertentes da qualidade em saúde, segundo Donabedian

Categoria	Descrição
Estrutura	Especialistas, adequação de área e estrutura física, conforme certos padrões, considerando ainda a atualização dos registros médicos. Contempla aspectos referentes aos tipos de serviços realizados, entre eles: recursos humanos envolvendo a quantidade e a qualificação dos profissionais; recursos materiais como equipamentos, instalações e insumos gerais; estrutura institucional que diz respeito à organização médica, aos métodos avaliativos e às estratégias de inovação.
Processos	Afere e registra a forma pela qual os cuidados são prestados. Envolvendo, por exemplo: tempo de espera para consultas e atendimentos; quantidade de encaminhamentos para profissional especialista; número de exames etc. Incluindo também os procedimentos para executar e receber serviços, ações junto ao paciente, atenção médica, assertividade e agilidade no tratamento.
Resultados	Os resultados são obtidos e aferidos com base em indicadores que contemplam, entre outros, parâmetros como: atenção e presteza no tratamento e nas solicitações do paciente, taxa de infecção hospitalar, índice de sucesso em cirurgias e intervenções, melhora no estado de saúde das pessoas atendidas etc.

Fonte: Elaborado com base em Donabedian, 1980.

A partir de diretrizes da OMS, foi inserido o conceito de *responsividade* no campo da avaliação em saúde. A citada organização aborda duas dimensões do processo de responsividade: 1) respeito às pessoas: referente aos valores éticos como dignidade e confidencialidade, envolvendo a interação da sociedade com as organizações de saúde; 2) orientação ao cliente: diz respeito a características como instalaçõcs adequadas, agilidade e eficácia no atendimento (Vaitsman; Andrade, 2005).

Programas de qualidade aplicados à gestão hospitalar são compostos por uma complexa estrutura de dimensões, a serem contempladas para a obtenção da qualidade em saúde plena, integral e duradoura. Incontáveis contribuições podem ser elencadas como resultado de programas de qualidade, já que a qualidade nos serviços de saúde não é obtida apenas com um ótimo corpo clínico, uma vez que a gestão dos processos administrativos que congregam finanças, logística, procedimentos operacionais e a integração dos diversos setores é muito mais importante para a qualidade global. A gestão da qualidade em hospitais pode fundamentar mudanças na visão e nas práticas administrativas, visando alcançar a garantia de excelência.

Organizações de saúde já atingem seu quarto ciclo de certificação, apresentando como resultados ajustes dos orçamentos, aprimoramento da gestão envolvendo as pessoas, racionalização de custos, melhoria no padrão de atendimento, crescimento da confiança e credibilidade pelos serviços, além de ganhos para a imagem da organização, benefícios não só para quem precisa do serviço, mas também para quem o oferta. (Vaitsman; Andrade, citados por Silva et al., 2010, p. 8)

A garantia de qualidade dos serviços de saúde e seu aperfeiçoamento permanente são objetivos da sociedade, de órgãos especializados, do governo e do mercado. Hoje é comum que os profissionais de hospitais convivam com o monitoramento e a avaliação constantes com relação à infraestrutura, aos processos e aos resultados da prestação de serviços. Assim, é constante a necessidade de indicadores de desempenho que abarquem as composições hospitalares atuantes interativamente em três grandes áreas: "gestão da segurança, organização de processos e gestão dos resultados, o que tem sido definido como programas de acreditação hospitalar" (Campos; Gastal; Couto, 2008, p. 92).

1.1.2 O caminho da qualidade em hospitais

A acreditação hospitalar, como vimos, surgiu da necessidade e busca por padrões de qualidade em serviços de saúde. Desse modo, nesta seção, abordaremos de forma específica o caminho da qualidade em hospitais. A primeira legislação sobre qualidade da assistência em saúde surgiu em 200 a.c., escrita por um imperador da Babilônia, e foi chamada *Código de Hammurabi*, que, entre outras instruções, recomendava "não causar mal a alguém". Sob a mesma ótica há o famoso juramento de Hipócrates, datado de 400 anos a.c, repetido por médicos nas cerimônias de formatura, que fala sobre *"primum non noscere"*, ou seja, "antes de tudo não causar dano" (Quinto Neto, 2000).

Durante muito tempo, os profissionais da saúde cultivaram a crença de que o profissional graduado em Medicina era primordialmente responsável pela assistência de qualidade. Tal convicção foi alterada a partir dos estudos e práticas da enfermeira inglesa Florence Nightingale, que se preocupava muito com a supervisão do atendimento prestado. Em 1854, durante a Guerra da Crimeia, ela geriu serviços de saúde, criando processos inovadores, como ventilação e uso de desinfetantes e separação de espaços de cuidado aos doentes nos campos de batalha, diminuindo de forma expressiva a taxa de mortalidade nos hospitais (Zanon, 2001).

De acordo com estudo retrospectivo de Feldman, Gatto e Cunha (2005), a avaliação da qualidade em saúde teve início de forma mais significativa no começo do século XX. Em 1918, foi realizada a primeira avaliação hospitalar oficial nos Estados Unidos, na qual foram supervisionados 692 hospitais, tendo sido analisados 100 leitos em cada hospital, dos quais apenas 89 cumpriam as exigências preconizadas na época. Já no Brasil, existem relatos de que o estudo precursor com vistas à elevação da qualidade em uma organização hospitalar foi realizado em 1935, por Odair Pedroso, que idealizou um formulário de inquérito hospitalar encomendado pela Comissão de Assistência Hospitalar do Ministério de Saúde.

Nas últimas décadas, a visão da qualidade tem passado por transformações importantes. *Qualidade* não se vincula mais simplesmente à ausência de doenças ou inexistência de resposta adversa aos tratamentos. Na atualidade, fala-se de *características* essenciais de um atendimento de qualidade e, inclusive, de ambientes que contribuem para resultados positivos. A adoção de programas de qualidade no setor saúde pauta-se na diminuição das despesas da assistência hospitalar. Assim, com a finalidade de incrementar o processo de gestão e maximizar a eficácia do serviço, organismos de diversos países tem se concentrado na implementação de programas de qualidade.

Nas duas últimas décadas, o Brasil tem desenvolvido ferramentas oficiais de avaliação do desempenho das organizações hospitalares do Sistema Único de Saúde (SUS). Esses recursos levam em consideração conjuntos de critérios aos quais hospitais precisam atender por meio de padrões preestabelecidos, embasados em conceitos e técnicas de qualidade. Esses parâmetros e processos de qualidade vêm incorporando novos elementos advindos da evolução das organizações, da globalização, da revolução tecnológica e de mudanças sociais em geral. Convém ressaltarmos que, nos processos de acreditação, todos os setores são avaliados, inclusive os terceirizados; daí a importância de integração, cooperação e educação permanente.

O projeto de acreditação hospitalar se baseia na qualidade macro – dos processos institucionais – na qualidade micro – visando à eficiência de cada procedimento, setor e colaborador. Desse modo, o programa de acreditação avalia, padroniza e melhora os recursos da instituição, tanto em sua estrutura como em seus processos, buscando resultados melhores e mais duradouros. Um estabelecimento hospitalar é acreditado quando seus processos, recursos e resultados possuem qualidade satisfatória e adequada. Para a manutenção desses índices de qualidade nos serviços de saúde, é indispensável estabelecer programas de educação continuada para construção e prática de conceitos de qualidade.

Gurgel Júnior e Vieira (2002) explicam que os programas de qualidade no setor saúde apresentam uma forte tendência de enfatizar a avaliação das condições dos hospitais, de modo especial em relação à infraestrutura, aos processos e aos resultados. Esse enfoque destaca elementos imprescindíveis para a qualidade dos serviços de saúde, porém acaba por se restringir ao diagnóstico e à classificação das instituições com base em modelos de referência, que são marcos importantes, mas nem sempre aplicáveis à realidade de todas as organizações.

É necessário ainda atentarmos aos modelos de aferição de qualidade que identificam erros e problemas sem apresentar propostas e caminhos para solução. A avaliação diagnóstica de problemas é essencial, mas é apenas a primeira etapa na busca pela qualidade em saúde. Procedimentos de qualidade que se limitem a identificar problemas sem tratá-los com profundidade, sem fornecer elementos para a melhoria necessária, não são adequados para a obtenção da qualidade e da excelência no atendimento.

Segundo a Agência Nacional de Vigilância Sanitária (Anvisa 2004), há três níveis do *Manual de Acreditação*:

- *Nível 1 – Segurança (estrutura) – pressupõe atendimento aos requisitos básicos de qualidade na assistência prestada ao cliente, com recursos humanos capacitados e com qualificação compatíveis com a complexidade do serviço.*

- *Nível 2 – Organização (processo) – verifica a organização da assistência, conferindo documentação, treinamento dos trabalhadores, rotinas, uso dos indicadores para a tomada de decisão clínica e gerencial e prática de auditoria interna.*

- *Nível 3 – Práticas de Gestão e Qualidade (resultados) – constata se existem políticas institucionais de melhoria contínua em termos de estrutura, novas tecnologias, atualização técnico-profissional, ações assistenciais e procedimentos médico-sanitários.*

Considerando esses três níveis, a responsabilidade dos hospitais acreditados é abrangente, já que, além de conservar o padrão, precisam ser exemplo de gerenciamento adequado e criterioso de seus serviços e referência para outras instituições de saúde que desejem ter como princípios diferenciais a qualidade, a ética e a segurança.

A gestão estratégica da qualidade em uma perspectiva atual alvitra uma abordagem organizacional que abranja uma pluralidade de fatores que são difíceis de encaixar em um desenho prescritivo simplificado. Dessa forma, é preciso entender profundamente a organização, por meio de uma perspectiva da realidade institucional que embase as ações gerenciais e de um arcabouço vasto de teorias que não estejam incluídas somente no espaço intraorganizacional.

Bases conceituais da acreditação hospitalar   45

Quinto Neto e Gastal (2004) destacam que o progresso de práticas de gestão da qualidade na saúde deve embasar-se em questões gerenciais aliadas a processos assistenciais, considerando o direito à saúde como um bem público. As repercussões dessa linha de entendimento no setor hospitalar devem ser entendidas por meio de uma avaliação empírica de suas implicações, já que a intervenção de programas de qualidade não ocorre exclusivamente por meio do ato clínico, mas fundamentalmente por processos de gestão da organização hospitalar, sob influência da mobilização de grupos profissionais. "Os setores administrativos (faturamento, contas médicas, almoxarifado), os serviços de apoio logístico (lavanderia, transporte), enfim, todas as áreas da organização que garantem o funcionamento dos setores operacionais" (Gurgel Júnior; Vieira, 2002, p. 326), agindo como impulsionadores desses programas. Esses segmentos hospitalares resguardam os setores operacionais de gastarem tempo com problemas administrativos evitáveis, que não são o objetivo do atendimento e desviam esforços valiosos, para que assim possam se concentrar na melhora dos resultados nos serviços prestados. A junção de análises estatísticas com instrumentos da área de epidemiologias pode contribuir significativamente para a gestão da qualidade em hospitais:

> O instrumental estatístico desenvolvido pelos autores da qualidade, aliado ao instrumental da epidemiologia de serviços de saúde, utilizada na rotina da administração hospitalar, se constitui numa importante ferramenta de gestão, podendo contribuir significativamente para melhoria da qualidade da assistência. (Gurgel Júnior; Vieira, 2002, p. 327)

A construção de um projeto de acreditação hospitalar carece da participação de toda a equipe organizacional, desde diretores, gestores e médicos até técnicos, enfermeiros e colaboradores administrativos, sempre superando limitações hierárquicas e burocráticas para alcançar a melhoria dos procedimentos e processos a serem executados com competência, humanização e segurança. A cooperação de todos em um ambiente organizacional favorável e de constante aprendizagem permitirá que resultados sejam detectáveis por meio de indicadores, que, por sua vez, ajudarão na avaliação as melhorias ao longo do tempo. O programa de acreditação hospitalar propõe-se a gerar uma "consciência no setor hospitalar sobre a necessidade de melhoria contínua na qualidade da assistência prestada aos usuários dos serviços" (Quinto Neto, 2000, p. 39).

A oferta de serviços melhores e mais efetivos é o objetivo final de estratégias de gestão da qualidade, visando, em última instância, à sobrevivência da organização como relevante em seu contexto social. A qualidade, como meta motivadora das ações hospitalares, tem uma importante implicação gerencial, ao evidenciar que o reconhecimento dos serviços de excelência de um hospital com certeza alavanca a busca por acreditação. Desse modo, para que a acreditação seja empregada como um certificado de qualidade da organização hospitalar, que traz consigo pertinência social e vantagem competitiva, é indispensável que os pacientes e a sociedade entendam que possuir esse diferencial qualifica um hospital para além do que se vê aparentemente: acolhimento, ética e habilidades técnicas fazem parte de um conjunto de características presentes e perseguidas por essa instituição.

1.2 Auditoria da qualidade em serviços de saúde[2]

Há algumas décadas, o conhecimento sobre os riscos de intervenções dentro de uma instituição de saúde não era o foco da gestão; por isso, as pesquisas e a produção de conhecimentos da época eram menores em extensão e profundidade do que os estudos realizados na atualidade. Prestar serviços de saúde não envolvia a sistematização da avaliação de riscos. Como consequência da evolução de sistemas de gestão, da intensificação de normativas sobre qualidade em saúde a partir dos anos 1990 e da corresponsabilidade dos planos de saúde pela qualidade dos serviços (Lei n. 9.659, de 9 de junho de 1998 – Brasil, 1998b), foi maximizada a importância da auditoria de instituições de saúde na perspectiva da qualidade de processos técnicos, funcionais e de intraestrutura. Considerando esse contexto, questionamos: Qual é o papel dos processos de auditoria interna e externa para a qualidade em saúde com vista à acreditação? A função dessas atividades é atender igualmente as necessidades da população-alvo e estar em consonância com o rigoroso controle do processo de atendimento e práticas e os conceitos da gestão da qualidade.

Eduardo (1998) destaca que, no começo da década de 1980, se consolidou o processo de expansão da cobertura da assistência em saúde que teve início na segunda metade dos anos 1970, conforme proposto pela OMS na Conferência de Alma-Ata, que preconizava: "Saúde para Todos no Ano 2000" (DSS Brasil, 1978). Essa expansão também referenda o previsto na Constituição Federal, que em seu capítulo sobre a Saúde, art. 196, assegura que

---

2 No próximo capítulo será abordada a auditoria para além das questões conceituais.

A saúde é direito de todos e dever do Estado, garantindo mediante políticas sociais e econômicas que visem a redução do risco de doença e de outros agravos e ao acesso universal e igualitário às ações e serviços para a sua promoção, proteção e recuperação. (Brasil, 1988)

O setor da saúde passou por expressivas transformações no atendimento à população em geral. Ao se estabelecer a universalidade do atendimento público e a política de saúde com base na economia da oferta, o modo de gestão das instituições passou a sofrer forte influência de questões de financiamento da atenção e ser permeado por dificuldades de controles e existência de mecanismos inadequados de regulação. Segundo a Organização Nacional de Acreditação (ONA, 2013), esses fatores justificam, em parte, a morosidade do setor de saúde quanto à incorporação de práticas de garantia da qualidade.

A globalização e o atual cenário político-financeiro do país acabaram por impulsionar o setor de saúde a procurar novas alternativas para a gestão, com foco na necessidade das organizações de saúde (tanto públicas como privadas) adaptarem-se a um mercado que se vem tornando cada vez mais competitivo. A necessidade de garantir resultados positivos, mantendo clientes satisfeitos num mercado em permanente evolução, onde tecnologias similares estão mais acessíveis, requer mais que bons produtos e serviços, requer qualidade na forma de atuar. (Paim; Ciconelli, 2007, p. 86)

Donabedian (1985) defende que qualidade é necessariamente o cumprimento de requisitos básicos de processos e segurança, assegurando conformidade no atendimento. "Investir em qualidade é investir no conhecimento do processo, na prevenção, em *know-how* para obter um resultado sem erro, e para isso, a realização de processos de auditoria interna e externa é indispensável" (Donabedian, 1985, p. 72, tradução nossa).

A zona de conforto é um dos principais obstáculos à qualidade – as instituições tendem à acomodação, aceitando falhas e permitindo certas concessões em sua rotina; tal comportamento leva a diminuição da qualidade de seus produtos e serviços. É importante sabermos que a rotina, o costume, a típica frase "aqui é assim mesmo" leva os gestores e colaboradores ao conformismo, à aceitação de práticas inadequadas. Com base nesse entendimento, podemos afirmar que a melhor maneira de implantar a filosofia da qualidade é esquadrinhar o histórico organizacional e realizar um trabalho aprofundado, de longo prazo e contextualizado, tendo fundamento que "quem não aprende com o passado, com seus erros, está condenado a repeti-los. Assim a qualidade levará a produtividade e possibilitará a flexibilidade" (Teboul, 1991, p. 37).

Na atualidade, a qualidade é um fator-chave da área empresarial/comercial, da indústria da saúde e da teoria da administração. Pesquisadores pontuam uma revolução da qualidade, uma mudança importante na teoria administrativa que pode superar a uma série de preceitos estabelecidos no modelo taylorista/fordista. O Código de Defesa do Consumidor, Lei n. 8.078, de 11 de setembro de 1990 (Brasil, 1990a), define como direitos básicos do consumidor a saúde, a segurança e a proteção contra riscos implicados na prestação de serviços de saúde. Tal direito é consonante à Lei n. 9.656, de 3 de junho de 1998 (Brasil, 1998a), que regulamenta os planos e seguros privados de saúde. O art. 17 determina que as operadoras de serviços de saúde têm corresponsabilidade quanto à assistência fornecida aos clientes, bem como aos erros médicos e de outros profissionais. O referido artigo também indica a obrigação dessas empresas de zelar por condições adequadas de atendimento. Esse dever legal leva os planos de saúde a realizar

50   **Acreditação hospitalar**

processos de auditoria, com o objetivo de conhecer a rede prestadora de serviços e qualificar seus serviços nas dimensões técnica, ética e administrativa.

Além dessa corresponsabilidade, a legislação da década de 1990 estabeleceu bases para o descredenciamento de hospitais, laboratórios e clínicas de saúde. Nessa perspectiva, os planos de saúde devem estar cientes, em todas as dimensões de qualidade técnicos e administrativos, dos parceiros em sua rede autorizada, estabelecendo padrões de qualidade.

A informação pulverizada em diversas mídias, com conhecimento globalizado intensificado a partir dos anos 2000, deixou as instituições de saúde expostas, o que foi positivo para a qualidade dos serviços. Considerando que em geral estão mais informados e integrados a diversos grupos, os indivíduos passam a ter maior poder de crítica e de escolha. Essa realidade traz à tona a discussão sobre os riscos existentes quando as normas básicas de segurança e qualidade não são cumpridas no atendimento em estabelecimentos de saúde. E é nesse contexto que a auditoria, interna e externa, se torna fundamental e evidenciada como indispensável.

Existem dez agências reguladoras no Brasil, dentre as quais está a Agência Nacional de Saúde (ANS). O conceito de *agência reguladora* diz respeito a uma instituição que regula serviços públicos (concessões) ou privados; mercados essenciais e imperfeitos (monopólio natural, assimetria de informações) (Brasil, 2006) e tem por característica ser uma instância reguladora com dirigentes de mandato não coincidente; aprovação pelo Senado de decisões discutidas coletivamente e diretrizes acompanhadas por Conselho Setorial com estrutura diferenciada. Vejamos algumas prerrogativas desse órgão:

A Agência Nacional de Saúde tem por finalidade institucional promover a defesa do interesse público na assistência suplementar à saúde, regular as operadoras setoriais – inclusive quanto às suas relações com prestadores e consumidores – e contribuir para o desenvolvimento das ações de saúde no país. Ela regula a cobertura assistencial e condições de acesso; condições de ingresso, operação e saída do setor; o preço de comercialização dos planos; fiscaliza diretamente e indiretamente a efetividade da regulação e faz a integração ao SUS (ressarcimento). (Paim, Ciconelli, 2007, p. 87)

Em relação à qualidade, as operadoras de planos de saúde precisam comprometer-se a cumprir especificações legais no que se refere à: descrição detalhada de suas instalações; equipamentos e recursos humanos em serviços de saúde próprios ou por elas credenciados; corresponsabilidade pela assistência prestada ao usuário em serviços próprios ou terceirizado. Desse modo, a partir de uma sequência de leis regulatórias nos anos 2000, os planos de saúde atentaram para a necessidade de desenvolver o processo de auditoria de qualidade nos prestadores credenciados e a credenciar. No mesmo modo, o SUS regula, controla e audita os hospitais, os postos de saúde, os laboratórios, os centros de distribuição e toda a rede de prestação de serviços de saúde sobre sua responsabilidade. O Quadro 1.3 a seguir sintetiza como a qualidade em planos de saúde era tratada antes e após a Lei n. 9.656/1998.

Quadro 1.3 – Qualidade em planos de saúde antes e após a lei

Antes da lei	Após a lei
As operadoras tinham livre atuação, legislação tipo societário.	Atuação controlada, sendo necessário obter autorização de funcionamento para ANS.
Não tinham regras de operação uniformes.	Foram estabelecidas regras de operação (por exemplo balança), sendo que as operadoras são sujeitas à intervenção e liquidação, exige-se reservas financeiras.
Liberdade para romper contratos.	Proibição de rescisão unilateral dos contratos.
Reajustes não controlados.	Reajustes controlados.
As operadoras definiam cobertura assistencial, carências, seleção de clientes.	Cobertura integral, com definição e limites de carências, proibição de limites de internação, todas as pessoas podem comprar planos de saúde (não existe mais seleção de risco).

Tendo por base o controle da qualidade e a busca da origem da auditoria em saúde, Pereira e Takahashi (1991) pontuam que a prática de auditoria em serviços de saúde aparece pela primeira vez na literatura em 1918, em um trabalho conduzido por um médico norte-americano, George Ward, que documentou atividades de aferição da qualidade assistencial prestada ao paciente por meio da análise de registros em prontuário. A auditoria em saúde trata da "avaliação sistemática da qualidade da assistência prestada ao cliente" (Motta, 2003, p. 37). Na atualidade a prática de auditoria assumiu grandes proporções em hospitais, operadoras de planos de saúde, laboratórios e clínicas. Com a expansão desse campo, é necessário que as ações de auditoria estejam embasadas em evidências e na construção de conceitos sólidos que fundamentem a prática.

A auditoria conduz a implementação de um sistema de revisão e controle, com o objetivo de conferir informações à administração de uma organização sobre a eficiência de seus programas em desenvolvimento. Tem a função não apenas de indicar erros e falhas, mas também levantar sugestões, soluções e pontos para melhoria, trazendo assim um caráter educacional que visa à formação continuada. Nessa perspectiva, a auditoria é entendida como uma investigação aprofundada sobre o sistema e seus aspectos qualitativos não se limitando a questões de rotina e burocráticas. Processos de auditoria bem executados funcionam como um conjunto de técnicas analíticas aplicadas para fornecer diagnósticos, prognósticos e recomendações úteis para elevar a qualidade institucional (Chiavenato, 2014).

> *A auditoria pode ser desenvolvida em vários setores da saúde e por diferentes profissionais; destacam-se entre eles a auditoria médica, que é a análise, à luz das boas práticas de assistência à saúde e do contrato entre as partes – paciente, médico, hospital e patrocinador do evento –, dos procedimentos executados e conferindo os valores cobrados, para garantir que o pagamento seja justo e correto. E temos também a auditoria de enfermagem, conceituada como tratar da avaliação sistemática da qualidade da assistência de enfermagem prestada ao cliente.*
> (Loverdos, 2003, p. 109)

Tanto a auditoria médica como a de enfermagem dispõem de campos particulares de atuação, mas que se integram. Desse modo, as especificidades do serviço de saúde é que definirão o papel do auditor em cada campo, lembrando que o objetivo é o mesmo: garantir a qualidade no atendimento de forma humanizada, evitar desperdícios e auxiliar no controle dos custos.

Paterno (1997) define *auditoria em saúde* como um conjunto de critérios por meio dos quais peritos internos e externos analisam procedimentos operacionais dos departamentos, visando aferir a qualidade dos serviços prestados. Esse autor foca na auditoria administrativa, classificando-a em **auditoria de autorizações**, que implica "liberar procedimentos médico-hospitalares ou de diagnóstico conforme requisitos técnicos" (Paterno, 1997, p. 38), e **auditoria no setor de credenciamento**, que consiste em "avaliar os serviços credenciados e a credenciar de forma sistemática, auxiliando nas negociações contratuais, revisão e formulação de adendos" (Paterno, 1997, p. 41). Outro tipo de auditoria é a **de avaliação**, entendida como apreciação sistemática e autônoma para "determinar se as atividades da qualidade e respectivos resultados cumprem diretrizes e demandas e se estas são implementadas de maneira eficaz, e se estão adequadas aos objetivos organizacionais" (Mills, 1994, p. 53).

Em 2004, a Federação das Unimeds propôs em seus documentos de auditoria que se reconfigurasse o sistema básico de informação em saúde a fim de facilitar o levantamento de dados. O enfoque principal de análise seria a documentação de informações que permitissem o exercício permanente da avaliação dos serviços de saúde, agrupando uma seleção mais complexa de indicadores – os propostos pela OMS juntamente com outros consagrados na prática epidemiológica e administrativa nas instituições de saúde. A proposta concentrava-se em atingir um nível de informação dos serviços em relação à qualidade que pudesse fornecer subsídios para a melhora no atendimento aos clientes. Os principais itens propostos para avaliar eram:

estrutura física e organizacional, com foco no cumprimento das normas estabelecidas pela Vigilância Sanitária e Ministério da Saúde; desses incluíam-se os sistemas de informação e indicadores de produção de serviços, recursos humanos, sistema de referência, recursos financei-ros/custos, estoque de materiais e medicamentos de consumo em geral, qualidade e disponibilidade dos recursos de equipamentos médico--hospitalares e grau de satisfação dos usuários. (FESP, 1999, p. 39)

Ao contrário do que você possa imaginar, não cabe à auditoria de avaliação decidir sobre o credenciamento ou descredenciamento de determinado serviço de saúde. Entretanto, é evidente que o parecer de auditoria irá apontar a possibilidade de um prestador não reunir as prerrogativas mandatórias para o estabelecimento de parceria na prestação de serviços. A avaliação constitui-se em uma dimensão essencial para todo o gerenciamento, estruturando-se como um processo de análise e checagem das metas previamente estabelecidas no planejamento organizacional com os resultados obtidos na operacionalização de suas atividades.

A avaliação e o controle em saúde são ferramentas indispensáveis para o monitoramento de políticas e normativas de saúde, a redefinição dos objetivos institucionais, a realocação de recursos e a readequação de suas ações. A OMS estabelece que, para a avaliação em saúde, se faz necessário dispor de uma quantidade mínima de indicadores que permitam conhecer os aspectos fundamentais relativos à situação de saúde da população e da atuação dos serviços de saúde em cada contexto. Esses indicadores podem ser **específicos**, refletindo as mudanças decorrentes da existência de certa medida de saúde ou contexto em particular, ou, ainda, **não específicos**, referindo-se a diversos fatores relacionados com o estado de saúde, como desenvolvimento socioeconômico e sanitário (Opas, 2017).

1.3 Acreditação hospitalar

A preocupação com a qualidade nos serviços de saúde é um movimento internacional. Essa preocupação decorre de vários processos intensificados na segunda metade do século XX, graças à crescente conscientização de que a qualidade é considerada um requisito indispensável para a gestão estratégica, econômica e para a longevidade das instituições. A missão primordial das organizações hospitalares está em acolher os pacientes e suas famílias de maneira adequada, seguindo padrões de atendimento. Dessa forma, os hospitais devem incluir no seu rol de atribuições ações que visem à melhoria constante da qualidade de gestão e assistência, com a finalidade de obter a integração harmônica das áreas médica, administrativa, assistencial, tecnológica e econômica, incluindo projetos que envolvam pesquisa e educação permanente. Nesse contexto, parece natural que o movimento da qualidade desemboque na acreditação, não é mesmo? Assim, podemos afirmar que o processo de acreditação tem por finalidade formatar parâmetros de confiabilidade para diversas categorias na área da saúde, para que, por meio deles, se afira o nível de conformidade alcançado e se obtenha o reconhecimento da sociedade.

Acreditar significa "dar crédito a; crer; ter como verdadeiro; conceder reputação a; tornar digno de confiança" (Houaiss; Villar, 2009). O termo *acreditação* pressupõe um procedimento que permite que algo ou alguém seja digno de confiança ou receba crédito. Nesse sentido, utiliza-se o termo *acreditado* para algo ou alguém digno de confiança perante uma comunidade. Um hospital que decide submeter-se a um processo de acreditação é avaliado por uma instituição competente segundo alguns critérios previamente estabelecidos (Quinto Neto; Gastal, 2004).

Acreditação se refere a um sistema de avaliação e certificação de qualidade que tem um caráter pedagógico e objetiva o contínuo aprimoramento, sem a intenção de fiscalizar ou realizar um controle estatal. Por isso, a acreditação não deve ser confundida com procedimentos de licenciamento e processos de autorização governamental ou por instituições específicas. Segundo a ONA (2017b), o processo acreditação se baseia um três princípios essenciais: "voluntário, feito por escolha da organização de saúde; periódico, com avaliação das organizações de saúde para certificação e durante o período de validade do certificado; reservado, ou seja, as informações coletadas em cada organização de saúde no processo de avaliação não são divulgadas".

Segundo o Instituto Nacional de Metrologia – Inmetro (2012), o termo *acreditação* pode ser definido como uma "ferramenta estabelecida em escala internacional para gerar confiança na atuação de organizações que executam atividades de avaliação da conformidade". Em outras palavras, trata-se do ato de ser acreditado, ter um reconhecimento formal e oficial por organismos de acreditação. Envolve questões relativas ao desenvolvimento da qualidade em saúde, incluindo: "acesso e garantia de continuidade do atendimento; processos diagnósticos, terapêuticos e de recuperação; segurança dos procedimentos médicos; desempenho dos recursos humanos; e a adequação das instalações e equipamentos" (Bittar; Quinto Neto, 2004, p. 35).

Uma organização passa a ser acreditada quando um organismo de avaliação de conformidade (OAC) certifica que a candidata atende a requisitos anteriormente definidos por comissões de área, demonstrando competência para realizar suas atividades com confiança e deixando seus clientes satisfeitos. "Um sistema concebido para acreditar serviços de avaliação da conformidade dos OACs deve transmitir confiança para o comprador e para a autoridade regulamentadora" (Inmetro, 2012). Esse sistema precisa facilitar negociações entre fornecedores de serviços e clientes, transpondo barreiras. As organizações que realizam acreditação também são acreditadas pela Coordenação Geral de Acreditação (Cgcre), que realiza avaliações de caráter voluntário e fornece o reconhecimento formal da competência de uma instituição para realizar processos de avaliação de conformidade.

A acreditação, como um programa que distingue as organizações de saúde que são bem sucedidas nas avaliações, é um resultado. Cabe destacar que existe também a certificação, que não é específica para instituições de saúde, mas que pode ser utilizada como uma opção de programa de qualidade. (Bittar; Quinto Neto, 2004, p. 19)

Qual seria a principal estratégia de qualidade de um hospital? É justamente a implantação de um sistema de acreditação em sua área, possibilitando um enfoque integrador e inovador que é fundamental na área da saúde. São sistemas utilizados há décadas em vários países, tendo os Estados Unidos como precursor.

Para que você compreenda esse contexto, traçaremos um breve histórico da evolução do conceito e das práticas de acreditação. De acordo com Feldman, Gatto e Cunha (2005), os primeiros programas de acreditação foram instituídos com a intenção de organizar e proteger a classe médica, aperfeiçoando os ambientes e as práticas clínicas. A partir desse enfoque inicial, estenderam-se para outras áreas de assistência à saúde, incorporando outros objetivos, como: educação, consultoria, profissionalismo e comprometimento.

Em 1950, o total de hospitais participantes do Programa de Padronização Hospitalar (PPH) chegou a 3,3 mil instituições. Na sequência, foi criada em 1951 a Comissão Conjunta de Acreditação dos Hospitais (CCAH), responsável pela criação do Programa de Acreditação em conjunto com a *Joint Commission on Acreditation of Hospitals*, em 1952, assumindo o processo de acreditação.

Bases conceituais da acreditação hospitalar

Durante a década de 1960, a maioria dos hospitais americanos estava adequada aos parâmetros mínimos preconizados pela *Joint*, o que levou a instituição a mudar o nível de exigência e publicar em 1970 o *Manual for Hospital*, apresentando padrões ótimos de qualidade que passaram a considerar resultados da assistência e excelência no atendimento (Feldman; Gatto; Cunha, 2005).

No Brasil, a partir da década de 1970, o Ministério da Saúde publicou normas e portarias com o objetivo de regulamentar a atividade de avaliação hospitalar para a qualidade. A OMS, duas décadas depois, passou a considerar a acreditação um elemento estratégico para o desenvolvimento da qualidade na América Latina. Nesse sentido, estabeleceu um convênio com a Organização Pan-Americana de Saúde (Opas), a Federação Latino-Americana de Hospitais e o Ministério da Saúde brasileiro, com o intuito de elaborar o Manual de Padrões de Acreditação para a América Latina (Feldman; Gatto; Cunha, 2005).

A evolução histórica da acreditação hospitalar no Brasil chegou a um nível significativo para os padrões internacionais a partir de meados da década de 1970, quando o Ministério da Saúde enfatizou a temática da qualidade e avaliação hospitalar com a publicação de normas e portarias para regulamentar ações de auditora e controle da qualidade, visando à implantação de um sistema eficaz e capaz de supervisionar a assistência à saúde no Brasil. No início de 1992, foi ampliada a acreditação na América Latina, quando a Opas promoveu em Brasília o primeiro Seminário Nacional sobre Acreditação, momento em que foi apresentado o Manual de Acreditação da instituição.

A acreditação hospitalar no Brasil teve suas primeiras experiências mais significativas a partir na década de 1990, no Sudeste e Sul do país, quando surgiram iniciativas pioneiras que contribuíram para a sistematização de processos de acompanhamento e avaliação e, mais tarde, para a criação do Manual Brasileiro de Acreditação Hospitalar – MBA (Brasil, 2010b). Essas iniciativas de padronização foram acatadas por instituições hospitalares e por emissários de Secretarias de Políticas e Assistência à Saúde do Ministério da Saúde (ONA, 2013).

O Manual de Acreditação surgiu como um instrumento de importância fundamental para iniciar o processo em várias instituições. O Ministério da Saúde difundiu o Programa de Qualidade em 1994, com o objetivo de promover a cultura da qualidade, quando criou a Comissão Nacional de Qualidade e Produtividade em Saúde (CNQPS). Essa comissão exerceu papel relevante na produção das diretrizes do programa e sua disseminação, inclusive em outras esferas públicas.

A OMS considera que, a partir de 1989, a acreditação passou a ser um componente estratégico para a ampliação da qualidade nos serviços de saúde na América Latina. Em 1990, foi concretizado um acordo com a Opas, o Ministério da Saúde e a Federação Latino-americana de Hospitais para a construção do Manual de Padrões de Acreditação para América Latina. Desde junho 1995, o assunto *acreditação* começou a ser pensado com maior profundidade no Ministério da Saúde, levando à criação do Programa de Garantia e Aprimoramento da Qualidade em Saúde (PGAQS) (OMS, 2017d).

Após meados da década de 1990, o cenário mudou, pois não se tratava somente de mais um processo de gestão da qualidade, mas de um compromisso com confiabilidade, ética, gestão de processos e excelência no atendimento aos pacientes e comunidade. Os hospitais acreditados se tornaram modelos para outras instituições de saúde, na perspectiva de fornecer olhares sobre quem necessita do atendimento, quem o presta e de como obter melhorias ou aprendizagem ao longo do processo.

No **Rio Grande do Sul**, em 1995, o Instituto de Administração Hospitalar e Ciências da Saúde, em associação com a Secretaria Estadual da Saúde e do Meio Ambiente e o SEBRAE/RS, desenvolveu um projeto de pesquisa com o propósito de determinar padrões de qualidade hospitalar. [...]

No **Rio de Janeiro**, em agosto/setembro de 1997, o Projeto de Acreditação e Certificação da Qualidade em Saúde – PACQS transformou-se no Consórcio Brasileiro de Acreditação – CBA), com a Fundação Cesgranrio, criada pelas Universidades Estaduais do Rio para avaliação do processo educacional. A Fundação implantou a avaliação também na área da saúde, trazendo para o cenário da acreditação outra faceta da avaliação: a de ramo de negócios.

Em dezembro de 1997, o CBA realizou um seminário com a assessoria da Joint Commission para elaborar um programa nacional de acreditação de hospitais. Nesta ocasião, com esta associação junto a Joint Commission, o Brasil foi integrado ao contexto internacional de avaliação de serviços de saúde.

Em julho de 1997, o Ministério da Saúde anunciou medidas para desenvolver a Acreditação na tentativa de unificar os esforços nacionais. Com isto iniciou o projeto [...] com o Programa de Apoio Financeiro para o Fortalecimento do Sistema Único de Saúde, e o financiamento pelo Banco Mundial, chamado Acreditação Hospitalar. (Feldman; Gatto; Cunha, 2005, p. 216)

Em junho de 1995, por intermédio da Portaria GM/MS n. 1.107, elaborou-se o PGAQS, visando à promoção da cultura da qualidade nas organizações de saúde. A realização do PGAQS contribuiu para a formação da CNQPS, integrada por atores de "prestadores de serviços, da classe médica, de usuários dos serviços de saúde e de órgãos técnicos relacionados ao controle de qualidade" (Feldman; Gatto; Cunha, 2005). A comissão conduziu importantes discussões vinculadas à melhoria da qualidade dos serviços prestados e promoveu o estabelecimento de estratégias e diretrizes para o PGAQS. Os estudos e as discussões dessa comissão envolveram a pesquisa em manuais de acreditação internacionais e resultaram na preparação de um projeto, chamado de *Acreditação Hospitalar*, que definiu metas para implantação de um processo de certificação de hospitais para a realidade brasileira. Por meio dessas iniciativas, iniciou-se o processo para estruturação do Sistema Brasileiro de Acreditação (SBA).

As instituições credenciadoras partem do entendimento de que as instituições de saúde de qualidade são ambientes seguros para os profissionais que nela atuam e para a população assistida. Conforme o SBA, a organização de saúde é um sistema complexo, com estrutura e processos interligados e minuciosos, cada setor ou procedimento influenciando todo o contexto e seus resultados. Assim é fácil compreendermos que, na acreditação hospitalar, um departamento não é analisado separadamente do todo, mas contemplado com base na avaliação das competências e do desempenho da instituição, não focando em profissionais isoladamente.

O SBA colabora para que se efetive uma transformação progressiva e projetada nas rotinas. Assim, os profissionais de saúde são estimulados a participar desse processo, que envolve a articulação e composição de metas que garantam a melhoria da qualidade da assistência prestada. O SBA visa estimular, por meio de estratégias práticas, o desenvolvimento e implantação de práticas permanentes de avaliação e certificação da qualidade dos serviços de saúde, possibilitando a melhoria progressiva da atenção, para garantir a qualidade na assistência, bem como o atendimento humanizado (Novaes; Bueno, 1998, citados por Manzo, 2009).

Batista (2000) relata que o Programa Brasileiro de Qualidade e Produtividade (PBQP) estabeleceu a avaliação e certificação de serviços de saúde como um projeto estratégico prioritário do Ministério da Saúde para o biênio 1997/1998. Em julho de 1997, o Ministério da Saúde anunciou medidas para desenvolver a acreditação na tentativa de unificar os esforços nacionais. Com isso, como explicamos anteriormente, teve início o projeto com o Programa de Apoio Financeiro para o Fortalecimento do Sistema Único de Saúde, e o financiamento pelo Banco Mundial, chamado *Acreditação Hospitalar*.

O Programa Brasileiro de Acreditação Hospitalar foi lançado oficialmente no final de 1998, durante o Congresso Internacional de Qualidade na Assistência a Saúde, na Hungria. Nesse mesmo ano, partindo do manual editado pela Opas e das experiências estaduais, foi criado o MBA (Brasil, 2010b). Logo em seguida, em 1999, foi constituída a ONA, com a finalidade de criar um sistema de avaliação para a certificação dos serviços de saúde brasileiros. O Hospital Israelita Albert Einstein foi o primeiro hospital fora dos EUA a ser certificado com acreditação em qualidade na assistência médico-hospitalar pela Joint Commission International – JCI (a mais importante organização internacional de certificação no setor saúde), no final do mesmo ano.

A ONA é uma instituição sem fins lucrativos, de interesse civil, que tem como missão "promover o desenvolvimento de um processo de Acreditação visando aprimorar a qualidade da assistência à saúde em nosso país" e cujos valores centrais são: "credibilidade; legitimidade; qualidade; ética e resultado" (Brasil, 2010b, p. 12). Esse órgão é responsável por credenciar as instituições acreditadoras – organizações privadas, credenciadas pela ONA, destinadas a verificar e certificar a qualidade dos serviços de saúde em todo território nacional. Essas instituições realizam visitas para acreditação, organizam atividades de divulgação e educacionais, bem como avaliam os sistemas de gestão, assistência e qualidade das organizações de saúde. Elas atuam por meio da aplicação de técnicas e instrumentos de avaliação do processo de acreditação, documentando diagnósticos organizacionais.

Na perspectiva da ONA, a acreditação diz respeito a um "método de avaliação dos recursos institucionais, voluntário, periódico e reservado, que busca garantir a qualidade da assistência por meio de padrões previamente definidos" (Brasil, 2010b, p. 13). Desse modo, o processo de acreditação hospitalar pode ser entendido como um programa de educação permanente dos profissionais, sem relação com fiscalização ou penalidade. Dentro dos recursos disponíveis, o que se pretende é que haja "progressiva mudança que impulsione os profissionais, em todos os níveis e serviços, para a avaliação de falhas, fragilidades, forças e potencialidades da instituição, definindo-se metas claras com a mobilização de todos os envolvidos" (Aquino; Giaponesi; Santos, 2008, p. 15).

Uma questão que geralmente causa dúvidas e é preciso esclarecermos: Como diferenciar a *acreditação* de processos de *credenciamento* de hospitais? Uma das distinções referentes à acreditação hospitalar está na adesão espontânea e impulsionada pelo desejo e pela preparação da própria instituição, diferindo dos processos de licenciamento, habilitação ou renovação executados por organismos de classe ou órgãos públicos, que têm caráter regulatório, controlador e até mesmo punitivo. Por esse importante motivo, a acreditação vai além de uma habilitação, já que destaca a competência e a qualidade de uma organização e seu compromisso e desejo se adequar a processos dinâmicos, sustentados por novas tecnologias e práticas de gestão. Como destacam Emídio et al. (2013), tal opção institucional leva a população a se

Bases conceituais da acreditação hospitalar

conscientizar da relevância da qualidade dos serviços que uma instituição acreditada oferece na área da saúde.

O segmento hospitalar congrega profissionais que têm diferentes níveis de autonomia quanto às suas atividades e responsabilidades, o que é esperado, uma vez que se trata de uma área interdisciplinar. Assim, os resultados dos serviços decorrem da interface de vários profissionais que participam do processo, implicando práticas constantemente reconfiguradas na rotina organizacional, devido a sua multiplicidade complexidade e imprevisibilidade (Foguel; Souza, 1995).

Uma instituição de saúde que se propõe a ingressar em um programa de acreditação consequentemente irá proporcionar oportunidades educacionais para que todos os seus colaboradores reflitam de forma aprofundada sobre assuntos e problemáticas que envolvem a eficiência e a eficácia de seus processos internos e externos. Para evitar resistências, devem ser implantadas etapas de diagnóstico, sensibilização e capacitação para avaliar o contexto institucional, para só então dar início discussões a respeito das necessidades de aperfeiçoamento com vistas à acreditação.

A fim de que o processo de acreditação hospitalar não gere apenas redução de custos e otimização de recursos, é indispensável a interação entre direção e corpo clínico e enfermagem, que contatam diretamente pacientes e familiares, buscando "mecanismos de controle de processos de trabalho, [...] a informatização da maioria dos processos administrativos e forte ênfase na utilização de protocolos" (Bernardes et al., citados por Emídio et al., 2013, p. 100). Isso exigirá uma nova cultura e um clima organizacional favorável, que permitam a horizontalização de informações e procedimentos de maneira conjunta com a as decisões individuais e coletivas embasadas em objetivos compartilhados e na ética institucional.

Conforme dados da ONA de meados de 2009, existiam no Brasil 103 hospitais acreditados; já em outubro de 2011, eram 151. Em menos de dois anos, em agosto de 2013, o número de hospitais credenciados dobrou, passando de 300 instituições. Os serviços hospitalares acreditados estão distribuídos com maior concentração em São Paulo e Minas Gerais (representando 67,4% do total) (Emídio et al., 2013), conforme observado na Tabela 1.1 a seguir, que detalha os dados de acreditação hospitalar por Estado.

Tabela 1.1 – Estatísticas de acreditação hospitalar no Brasil (2010)

Estado	Total de hospitais		Acreditados		% hospitais acreditados
SP	996	14,7%	64	52,0%	6,4%
MG	719	10,6%	19	15,4%	2,6%
PR	558	8,2%	12	9,8%	2,2%
RJ	583	8,6%	6	4,9%	1,0%
RS	356	5,2%	4	3,3%	1,1%
ES	123	1,8%	3	2,4%	2,4%
BA	590	8,7%	2	1,6%	0,3%
CE	290	4,3%	2	1,6%	0,7%
PA	232	3,4%	2	1,6%	0,9%
SC	247	3,6%	2	1,6%	0,8%
DF	91	1,3%	1	0,8%	1,1%
GO	438	6,4%	1	0,8%	0,2%
MA	243	3,6	1	0,8%	0,4%
MT	171	2,5%	1	0,8%	0,6%
PE	242	3,6%	1	0,8%	0,4%
RN	117	1,7%	1	0,8%	0,9%
SE	52	0,8%	1	0,8%	1,9%
Brasil	**6.792**		**123**		**1,8%**

Fonte: Adaptado de Lima, 2010, p. 35.

A Figura 1.5 a seguir apresenta o percentual de acreditação considerando-se o total de hospitais de cada Estado. Os estados com maior índice de acreditação são São Paulo, Minas, Paraná e Espírito Santo, que apresentam índices entre 6% e 2%, muito pouco, comparando-se com países desenvolvidos.

Figura 1.5 – Estatística de acreditação hospitalar por Estado

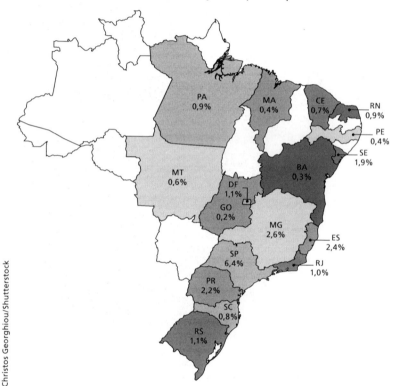

Fonte: Elaborado com base em Malik, 2015.

A Região Sudeste concentra o maior número de hospitais acreditados. Em seguida, temos os estados do Rio Grande do Sul e Bahia. A Região Norte conta com apenas 5 instituições, enquanto a Região Centro-Oeste possui o menor número, com apenas 3. Entre os anos de 2009 a 2014, a quantidade de hospitais acreditados teve um incremento desigual entre as regiões, fato que se atribui principalmente às divergências socioeconômicas entre elas e por haver grande concentração de médicos e instituições hospitalares de ponta na Região Sudeste (Malik, 2015).

Com base nesses dados, podemos afirmar que a acreditação ainda não é uma prática comum no Brasil? A resposta é "sim"! Observa-se que a acreditação hospitalar não é uma prática consolidada em nosso país, considerando que até junho de 2015 quase 8% dos hospitais estavam acreditados. Ressaltamos que alguns hospitais contam com mais de uma acreditação, reduzindo esse contingente. A concentração de acreditados é maior nos estados do Sudeste – aproximadamente 70% dos hospitais acreditados. Já o Norte dispõe de apenas 3% do total nacional. Em 2015 ainda não existiam hospitais acreditados em seis estados: Mato Grosso do Sul, Rio Grande do Norte, Roraima, Rondônia, Tocantins e Acre (Malik, 2015). De acordo com Malik (2015, p. 21),

Dos 267 hospitais acreditados, 210 o foram pela ONA. [...] verifica-se um padrão entre os acreditados: muitos deles pertencem a redes ou a organizações identificadas com este modelo [ONA]. Assim, mais de 15% dos hospitais acreditados no país são públicos (embora nenhum gerenciado em regime de administração direta); quase 10% dos acreditados nacionalmente são de UNIMEDs, 7% são da Rede D'Or e 3% da AMIL, chegando a 35%.

A acreditação é preciosa para o fortalecimento do SUS, pois auxilia na estruturação de uma rede de serviços organizada, de qualidade, envolvida, capacitada e eficaz. Nesse sentindo, o movimento observado na esfera pública se destaca por meio do Programa Nacional de Reestruturação dos Hospitais Universitários Federais, que estipula a acreditação como um alvo, que demanda a definição de uma "metodologia de Acreditação Hospitalar, por meio de organismos externos à rede de Hospitais Universitários e o estabelecimento de metas e prazos para obtenção da certificação adotada" (Brasil, 2010a, anexo 2, p. 18). A partir desse compromisso para o triênio 2010-2012, foi estipulado o objetivo de que os 46 hospitais universitários que participam desse programa passem pela avaliação diagnóstica situacional de acreditação, de modo a despertá-los para o contexto e os padrões de qualidade de instituições acreditadas. Esse compromisso foi continuado no triênio 2013-2015, e várias ações foram desenvolvidas para elevar a qualidade dos serviços prestados.

Novas exigências relacionadas às competências profissionais, a mudanças comportamentais, à mobilização e à motivação de colaboradores e de recursos organizacionais envolvidos na busca da qualidade vem sendo impostas às instituições públicas e privadas sem distinção. Objetivando impor padrões de qualidade cada vez mais elevados, as instituições hospitalares brasileiras vêm adotando iniciativas e estratégias de acreditação hospitalar, visando obter e manter a certificação por meio da implementação de processos de qualidade eficientes.

A existência de uma política da qualidade institucional possibilita o estabelecimento de uma cultura da qualidade e leva os colaboradores e se acostumarem com atividades de registro e avaliação das práticas cotidianas, o que representa um diferencial significativo no processo de acreditação. Implementar um programa de gestão da qualidade é uma forma promissora de introduzir pressupostos férteis para atingir a acreditação hospitalar. Desse modo, os conceitos, os princípios e as normativas ressaltados no processo de acreditação passam a ser divulgados e absorvidos pela organização. Isso irá influenciar todas as instâncias de gestão e planejamento, sendo necessária a criação de critérios de qualidade também no planejamento estratégico e nas projeções de cada departamento.

Em uma organização de saúde comprometida com a qualidade por meio de processos bem estruturados, tudo o que é desenvolvido deverá estar em consonância com o que é preconizado na acreditação, contribuindo assim para o estabelecimento de padrões de qualidade na instituição. Por outro lado, caso o processo de acreditação seja introduzido de maneira repentina, como uma meta institucional a curto prazo, sem uma preparação prévia e mudanças estruturais, "corre-se o risco da não adesão das pessoas que, por desconhecimento sobre a metodologia, importância e contribuições da Acreditação poderão passar a agir sob pressão e não de forma natural e espontânea" (Cunha, 2005, p. 47). Portanto, é necessária uma reestruturação profunda dos processos organizacionais que passam por capacitação das pessoas, mudanças na infraestrutura, gestão, procedimentos assistenciais e documentação das ações.

Dentre as principais vantagens da acreditação, destacam-se as seguintes:

- composição de equipes e capacitação contínua;
- qualidade da assistência;
- melhoria progressiva;
- elaboração de instrumentos de gestão;
- padrões definidos e coesos com a realidade brasileira.

A organização prestadora de serviços de saúde (OPSS) que adere ao desafio da acreditação demonstra responsabilidade e compromisso com os procedimentos que realiza, bem como com a segurança, a ética e a qualidade do acolhimento à sociedade.

Em posse da certificação de acreditação, as organizações recebem "reconhecimento público e asseguram, com base em determinados padrões, a qualidade dos serviços prestados" (Brasil, 2010b, p. 8). Trata-se de uma honraria que agrega o "reconhecimento da competência técnico-assistencial com a alavancagem para a melhoria contínua dos serviços prestados" (Brasil, 2010b, p. 9). Ser acreditado estabelece uma distinção que a organização de saúde assume por meio da qualificação que se torna pública:

> *O modelo adotado no processo de Acreditação tem se evidenciado como uma importante ferramenta de Gestão da Qualidade, pois, com base nos padrões, a instituição pode realizar um diagnóstico que possibilita compreender os requisitos para melhorar o seu desempenho, identificar e aferir onde melhorar, levantar seus pontos fortes e oportunidades para melhoria, bem como promover a cooperação interna entre os setores, processos e clientes internos.* (Brasil, 2010b, p. 13)

A acreditação tem implicações na qualificação da gestão, tornando o modelo de gestão mais eficiente, estratégico e comprometido na tomada de decisões. Como os ganhos são evidentes, muitos são os interessados no êxito do processo de acreditação: gestores hospitalares, profissionais de saúde cuja certificação impacta na relação com os pacientes, instituições de saúde, sociedade e governo.

No que se refere à parte prática, o processo de acreditação não é prescritivo e, desse modo, não indica ferramentas técnicas específicas ou metodologias a serem aplicadas, já que as instituições acreditadoras não podem se comprometer com um pacote de orientações que sejam válidas para a realidade de todas as organizações de saúde (Brasil, 2010b). Na falta de diretrizes ou de um passo a passo, a prática de auditoria interna é um recurso importantíssimo que deve ser usado para dar suporte às diversas áreas da instituição na busca de oportunidades de melhoria e na verificação da adequação aos padrões estabelecidos e aplicados.

Para que a auditoria interna funcione com vistas à acreditação, é necessário constituir uma comissão permanente responsável por orientar e avaliar a gestão da qualidade em diversos níveis, critérios e setores. A avaliação interna possibilita o preparo institucional para as avaliações do processo de acreditação a serem realizadas pela instituição acreditadora, bem como auxilia na mudança de cultura e de procedimentos necessária para o avanço em qualidade (Malik, 2015).

Dentro da perspectiva da integração entre a auditoria interna e a avaliação que será feita pelos avaliadores, o processo de certificação com vistas à acreditação é composto por um conjunto de ações interrelacionadas para proceder à averiguação dos variados processos da organização prestadora de serviço de saúde, tendo como base os níveis e padrões estabelecidos no MBA, que serão confrontados com a realidade institucional (Brasil, 2010b).

Haddad (2004) acrescenta que os instrumentos de qualidade são mandatórios para que a busca pela qualidade ocorra efetivamente, destacando ferramentas como: folha de verificação, diagrama de causa e efeito, estão entre as mais utilizadas por hospitais nos processos de qualidade e de acreditação hospitalar.

O Manual Brasileiro de Acreditação das Organizações Prestadoras de Serviços de Saúde (MBAOPSS) congrega padrões, aprovados e publicados, apresentando os instrumentos utilizados para avaliações para a acreditação. Esses instrumentos muito se assemelham com aqueles elaborados por órgãos governamentais que avaliam e autorizam o funcionamento de instituições.

Por exemplo: o Ministério da Educação capacita equipes de avaliadores que realizam avaliações *in loco* nas instituições de educação superior. Esses grupos realizam visitas para aferição de condições estruturais, técnicas, pedagógicas e docentes. As instituições conhecem previamente os formulários completos com os critérios que serão analisados em cada categoria avaliada; porém não recebem acompanhamento ou orientações sobre como desenvolver-se adequadamente dentro desses critérios – isso fica a cargo da própria instituição. A exemplo disso, o mesmo ocorre com as instituições acreditadoras, que publicam documentos com os critérios de avaliação, mas não fornecem orientações quanto ao processo para que cada organização se adéque a eles.

Esses critérios, ao serem avaliados, podem variar desde o nível mais básico até outros mais elaborados e exigentes de satisfação e qualificação. Os padrões de qualidade são definidos em três níveis de complexidade crescente e com princípios orientadores específicos, os quais devem ser integralmente atendidos. No nível 1, o princípio norteador é a segurança; no nível 2, é a gestão integrada; e no nível 3 os princípios norteadores são a segurança, a gestão integrada e a excelência em gestão (Brasil, 2010b)[3].

Para cada nível, são definidos itens que norteiam o processo de visita e a preparação da organização prestadora de serviços de saúde que será avaliada. Para se verificar a qualidade assistencial, são empregadas normas do processo de avaliação particulares, elencadas conforme as atividades em que a instituição de saúde se enquadra. O MBAOPSS possibilita aos avaliadores aferir a qualidade da organização, permitindo que ela acompanhe o que e como os itens são avaliados. Após a certificação inicial, a cada três anos (para as principais certificações), ocorre um processo de revisão por peritos com a finalidade de atualizar o nível certificado, manter ou até descredenciar a instituição. Nessas revisões são verificados requisitos alinhados aos princípios de

---

3   Os três níveis de utilizados para classificação dos padrões de qualidade para a acreditação serão detalhados no Capítulo 3, que aprofunda o que está disposto no MBA.

segurança (estrutura), organização (processos) e excelência na gestão (resultados).

O processo de acreditação hospitalar dispõe de fundamentos, que serão aprofundados no último capítulo deste livro, reconhecidos internacionalmente, os quais podem ser aplicados para o incremento de boas práticas e resultados mais eficazes, a saber: visão sistêmica; liderança e estratégias; orientação por processos; desenvolvimento das pessoas; foco no cliente; foco na prevenção; foco na segurança; responsabilidade socioambiental; cultura da inovação; melhoria contínua e orientação para resultados (Brasil, 2010b). Dessa forma, o processo é regido por fluxo de solicitação enviada à instituição acreditadora, visita técnica de pareceristas externos e emissão de relatório com a decisão da instituição acreditadora. Se for acreditado após essa dinâmica, o hospital receberá um certificado de acreditação com data – uma determinada validade (geralmente de dois anos) – e deverá protocolar pedido para uma nova avaliação quando faltarem seis meses para esse prazo expirar.

Com relação aos processos de avaliação para acreditação de organizações prestadoras de serviços hospitalares (OPSH), faz-se necessário que o processo seja avaliado por uma equipe de examinadores formada por pelo menos três categorias profissionais: médico, enfermeiro e gestor na área da saúde. Os custos do processo, que são definidos conforme a quantidade de leitos da instituição, incluindo tributos cobrados pela ONA referente à instituição acreditadora, são arcados pela instituição solicitante da certificação.

Além das questões financeiras, a acreditação, independentemente do selo para o qual uma organização se candidata, contempla a verificação de estratégias permanentes de evolução em processos e serviços e a obtenção de padrões reconhecidos de qualidade entendida em dois aspectos principais. O primeiro se refere à perspectiva de processo educacional, uma vez que ações de qualidade estimulam as organizações e os profissionais a assimilar uma cultura da qualidade e da melhoria contínua para que a gestão da qualidade seja implementada de maneira sólida, o que é essencial para o sucesso do processo. As práticas de avaliação e certificação da qualidade desses serviços constituem o segundo aspecto, que diz respeito à análises feitas para se atestar o nível de desempenho obtido pela organização em conformidade com padrões deliberados cientificamente (Manzo, 2009).

O empenho de uma instituição rumo à conquista de níveis mais elevados de qualidade e eficiência precisa ter como marco inicial os profissionais envolvidos. Dessa forma, é necessário investir em educação permanente[4], desenvolvimento de habilidades e competências, capacitação para trabalho em equipe e formação para visão ética e responsável. Os elementos envolvidos na formação de corpo de profissionais são estratégicos, uma vez que as pessoas não se comprometerão com a prestação de um serviço de qualidade se não tiverem clareza da motivação de suas ações com vistas a um atendimento de qualidade e que beneficiará a todos. "Quem conhece se convence; quem se convence se compromete; e quem se compromete age" (Mezomo, 2001, p. 57).

Nesse contexto, o processo de acreditação hospitalar é uma obrigação ética para profissionais e instituições, porém é um caminho demorado e complexo. Piegas et al. (2007) conduziu uma pesquisa em hospital público de grande porte a respeito do desenvolvimento dessa iniciativa. Levantaram-se dificuldades indicadas pelos profissionais para que o trabalho de acreditação da instituição fluísse de modo adequado, tais como: inadequações

---

4 A formação permanente dos profissionais será aprofundada no último capítulo deste livro.

Acreditação hospitalar

na infraestrutura física; ausência de programas estruturados de educação continuada; problemas de comunicação entre os setores do hospital; déficit operacional com relação a recursos humanos. A pesquisa ressaltou que um plano de ação setorial se mostrou uma estratégia promissora para gerir essas dificuldades. No que se refere à metodologia de trabalho visando à preparação para a avaliação externa de acreditação hospitalar, o autor indica a formação de uma comissão de qualidade que conte com agentes dos diversos segmentos institucionais que, por sua vez, tenham competência para tomada de decisões. Após consolidar uma comissão, parte-se para a "formação de multiplicadores, por meio da realização de um curso institucional visando à capacitação dos profissionais para o desenvolvimento do processo de Acreditação" (Piegas et al., 2007, p. 57). Após desenvolver a comissão e a formação de multiplicadores, foi aplicado um instrumento de levantamento diagnóstico situacional, tendo por base os padrões da ONA Nível 1, elaborou-se um instrumento para os enfermeiros, que também elaboraram um plano de ação para contemplar os itens não alcançados, sendo estabelecidas, desse modo, linhas de ação e metas.

A senda a ser percorrida para se alcançar os padrões da acreditação hospitalar não é delimitada pela ONA. O órgão estabelece critérios a serem avaliados, porém cada instituição deve construir seu caminho para se adequar, definindo uma metodologia de trabalho própria e as estratégias para obter e manter a certificação. Para isso, a socialização dos conhecimentos e das experiências é decisiva, uma vez que possibilita adaptações e reproduções em outras organizações.

1.3.1 Certificações de qualidade para acreditação hospitalar

Existem certificações importantes de acreditação hospitalar, nacionais e internacionais, cujo conhecimento é relevante? Na mesma linha de racioncínio, quais são as organizações importantes que mediam o processo e definem diretrizes para a acreditação hospitalar? Este tópico de conteúdo irá abordar essas duas questões.

A Fundação Nacional da Qualidade (FNQ), criada em 1991, por meio do consórcio de 39 organizações públicas e privadas do Brasil, nasceu com a finalidade de definir critérios e executar o Prêmio Nacional de Qualidade. Desse modo, passou a desenvolver ações de a divulgação do modelo de gestão nos critérios de excelência (CE) que são revisados anualmente. Trata-se de um processo guiado por profissionais e acadêmicos que formam uma "comunidade de conhecimento em que saberes são compartilhados com organizações internacionais que possuem prêmios similares ao brasileiro" (Marshall Júnior et al., 2006, p. 44). Esses critérios de excelência se baseiam nos pilares dispostos no Quadro 1.4, a seguir.

Quadro 1.4 – Critérios de excelência da FNQ para acreditação hospitalar

Visão sistêmica – Relações de interdependência entre componentes de uma organização e com o ambiente externo.	Foco no cliente e no mercado – Entendimento do cliente e do mercado, visando à criação de valor de forma sustentada e competitiva.

(continua)

(Quadro 1.4 – conclusão)

Aprendizado organizacional – Buscar um novo nível de conhecimento, por meio de percepção, reflexão, avaliação e troca de experiências, alterando princípios e práticas, processos, sistemas, estratégias e negócios, para produzir melhorias na organização.	**Responsabilidade social –** Relacionamentos éticos e transparentes, com vistas ao desenvolvimento sustentável da sociedade, preservando recursos ambientais e culturais para futuras gerações, respeitando a diversidade e reduzindo as desigualdades sociais.
Proatividade – Capacidade da organização de se antecipar às mudanças de cenários e às necessidades e expectativas dos clientes e das demais partes interessadas.	**Gestão baseada em fatos –** Tomada de decisões com base na medição e análise do desempenho, levando-se em consideração às informações disponíveis, incluindo os riscos identificados.
Inovação – Implementação de novas ideias geradoras de um diferencial competitivo.	**Valorizar das pessoas –** Desempenho organizacional depende da capacitação, motivação e bem-estar da força de trabalho, com um ambiente de trabalho propício à participação e desenvolvimento de todos.
Liderança e constância de propósitos – Compromisso dos líderes com valores organizacionais; capacidade de construir e aplicar estratégias; sistema de gestão que estimule pessoas a realizar propósitos duradouros.	**Abordagem por processos –** Compreensão e gerenciamento da organização por meio de processos, visando à melhoria do desempenho e à agregação de valor para as partes interessadas.
Visão de futuro – Percepção de fatores que afetam o negócio no curto e no longo prazo, permitindo delinear uma perspectiva consistente para o futuro desejado.	**Orientação para resultados –** Compromisso com a obtenção de resultados que atendam, de forma harmônica e balanceada, às necessidades de todas as partes interessadas na organização.

Fonte: Elaborado com base em Marshall Júnior et al., 2006.

Em 1995, o PGAQS deu início à discussão sobre a acreditação junto ao Ministério da Saúde, contribuindo para formar a Comissão Nacional de Qualidade e Produtividade (CNQPS). A atribuição inicial desse grupo era levantar temáticas interessantes para a melhoria da qualidade dos serviços e definição de estratégias. Por meio da análise de métodos e manuais de procedimentos de casos de sucesso, essa equipe elaborou o projeto denominado *Acreditação Hospitalar*, encaminhado ao PBQP. Em 1998, esse projeto foi aprimorado e transformado no MBA. A ONA, organização não governamental, surgiu somente em 1999, com o intuito de implementar processos continuados de avaliação e certificação da qualidade dos serviços de saúde. As atividades da ONA permitiram o aprimoramento da atenção e da qualidade na assistência em saúde:

> *A ONA é uma organização não governamental, pessoa jurídica sem fins lucrativos, que tem como missão aprimorar a qualidade da assistência à saúde nacional. Os selos de qualidade, tanto a Acreditação Hospitalar (ONA) como a Joint Commission (JCAHO), Compromisso com a Qualidade Hospitalar (CQH), entre outros, são métodos desenvolvidos para diagnosticar a assistência médico-hospitalar prestada e sistematizar os processos, visando a melhoria da qualidade na prestação de serviços.* (ONA, citada por Paim; Ciconelli, 2007, p. 89)

A ONA define *acreditação* como um procedimento pelo qual uma instituição acreditadora "reconhece formalmente que uma empresa tem competência para cumprir as atividades definidas na sua razão social" (ONA, citada por Silva et al., 2010, p. 10). Conforme o SBA, a avaliação baseia-se em exigências legais de segurança no atendimento, organização do trabalho e resultados mensuráveis. Enquanto a certificação significa avaliar "um sistema da qualidade segundo os requisitos das normas

ISO 9000/2000 (ABNT, 2000) ou outras, com a emissão de um certificado comprovando que a empresa está em conformidade com as exigências estabelecidas nestas normas" (ONA, 2010).

As exigências e os critérios a serem aferidos são definidos por instituições acreditadoras, que, por sua vez, se embasam em normativas do Ministério da Saúde, da Vigilância Sanitária e prerrogativas internacionais de qualidade quanto aos recursos humanos, de infraestrutura, de segurança, de gestão, de organização, de transparência e de excelência do atendimento aos clientes. Esse processo, que é voluntário, leva a uma tomada de consciência coletiva sobre as mudanças e o aprimoramento necessários para adequação institucional para enquadramento nas condições estabelecidas com vistas à acreditação.

Em 2012, eram 89 organizações certificadas pela ONA, sendo: "63 hospitais, 13 laboratórios clínicos, 4 serviços de hemoterapia, 6 serviços de nefrologia e terapia renal substitutiva, 2 serviços ambulatoriais, terapêuticos e/ou pronto atendimento e 1 serviço de assistência domiciliar" (ONA, citada por Silva et al. 2010, p. 14). Em 2015, o SBA já contabilizava mais de 220 processos de avaliação com fins de certificação e recertificação, considerando desde o ano 2000. "Desde 2001, aproximadamente 378 organizações de saúde já realizaram diagnóstico organizacional, sendo que, destes, 75 foram em 2006" (ONA, 2013).

A acreditação é um método para monitorar a qualidade nos serviços de saúde, levantando informações sobre o desempenho da organização com base no MBA. Como resultado dos processos de acreditação, as organizações de saúde se tornaram conscientes de que "a realização de procedimentos de qualidade e auditoria dentro de normas reconhecidas produz resultados concretos e duradouros para os profissionais e setores nos ambientes de saúde" (Tronchin, citado por Kurcgant, 2005, p. 85).

O Consórcio Brasileiro de Acreditação (CBA) é a única instituição brasileira que tem vínculo contratual com a Joint Commission International (instituição avaliadora de 85% do mercado americano). O órgão afirma que a acreditação tem vantagens para a instituição e para os pacientes:

1. a excelência alcançada pela instituição, com garantia de qualidade ao longo do tempo, mediante um rigoroso monitoramento de processos para não perder o nível de acreditação alcançado, com o objetivo de sempre elevar esse nível;

2. na perspectiva dos pacientes, a acreditação funciona como garantidora de direitos e educação de pacientes e familiares, permitindo o acesso e a continuidade do tratamento. O CBA entende que o paciente terá reconhecidas suas necessidades por meio da acreditação, sendo atendido nas diversas fases do tratamento. Já o hospital deverá garantir o acesso do cliente aos serviços disponíveis, articulando-se com outros níveis de cuidado interno ou externo, para que o paciente tenha atendidas todas as suas demandas. Nesse sentido, para Bartmann (citado por Almeida; Braga, 2010, p. 6), o selo de "serviço de saúde acreditado pode elevar o grau de confiabilidade dos clientes internos e externos e da comunidade em geral, porque esse *status* significa que o serviço atendeu aos requisitos de qualidade exigidos para essa acreditação".

Para fecharmos este capítulo, apresentamos a seguir um quadro muito útil contendo algumas das principais certificações da área da saúde, contendo breve descrição, tipos de selos, abrangência e território.

Quadro 1.5 – Principais organismos de acreditação em saúde e suas características

	Sobre	Tipos de selos	Abrangência	Cobertura
International Standards Organization (ISO)	Família ISO 9000; contempla aspectos da gestão da qualidade e contém alguns dos melhores padrões da ISO. Os padrões fornecem guia e ferramentas para organizações que querem assegurar que seus serviços suprem os requisitos do cliente, e que a qualidade tem consistência.	Família de ISO 9000: ♦ ISO 9001 ♦ ISO 9004 ♦ ISO 9011	Empresas, indústrias, organizações (abrange todos os segmentos de mercado)	Internacional
Joint Commission International (JCI)	Acreditador de assistência médica criado em 1994. Tem como missão acreditar e promover a qualidade em serviços de saúde no mundo.	Gold Seal of Approval®	♦ Hospitais dos setores privado e público ♦ Hospitais acadêmicos ♦ Assistência ambulatorial ♦ Laboratórios clínicos ♦ *Home Care* ♦ *Long Term Care* ♦ Organizações de transporte médico ♦ Centros de cuidado primário	Internacional

(continua)

Bases conceituais da acreditação hospitalar 83

(Quadro 1.5 – continuação)

Sobre		Tipos de selos	Abrangência	Cobertura
Organização Nacional de Acreditação (ONA)	Entidade não governamental e sem fins lucrativos que certifica a qualidade de serviços de saúde no Brasil, com foco na segurança do paciente. Tem como missão incentivar o setor de saúde a aprimorar a gestão e a qualidade da assistência por meio do desenvolvimento e evolução de um sistema de acreditação.	◆ Acreditado ◆ Acreditado pleno ◆ Acreditado com excelência	◆ Organizações prestadoras de serviços de saúde: hospitais, ambulatórios, laboratórios, pronto--atendimento, *Home Care*, hemoterapia, nefrologia e terapia renal substitutiva, diagnóstico por imagem, radioterapia ◆ Serviços odontológicos ◆ Programas de saúde e prevenção de riscos ◆ Serviços para a saúde	Nacional
International Society for Quality in Health Care (ISQua)	Organização global criada em 1984. Tem como missão inspirar, promover e apoiar a melhoria contínua na segurança e qualidade da assistência médica no mundo todo.	ISQua Accredited	◆ Acreditação de padrões de assistência a saúde e assistência social ◆ Acreditação de organização de avaliações externas ◆ Acreditação de programa de treinamento de avaliadores	Internacional

84   Acreditação hospitalar

(Quadro 1.5 – conclusão)

	Sobre	Tipos de selos	Abrangência	Cobertura
CBA	Representante exclusivo da Joint Commission International no Brasil. Tem como missão melhorar continuamente a qualidade e a segurança do cuidado aos pacientes e beneficiários dos sistemas e serviços de saúde, por meio de processos de acreditação e certificação internacionais, educação e ensino.	Gold Seal of Approval® da JCI	◆ Hospitais e centros médicos acadêmicos ◆ Centros de cuidados de atenção primária ◆ Cuidados ambulatoriais ◆ Cuidados prolongados ◆ Organizações de transporte médico ◆ Serviços de atenção domiciliar	Nacional

Síntese

Neste capítulo apresentamos as bases conceituais indispensáveis para a relação da área de gestão da qualidade em saúde com a auditoria e a acreditação, fornecendo uma visão geral dessa área do conhecimento.

Procuramos demonstrar que a importância da qualidade em serviços de saúde está no fato de que ela repercute na percepção do cliente quanto ao serviço recebido, o que acaba repercutindo para o mercado e aumenta a vantagem competitiva da organização. A qualidade de serviço é essencial à sua diferenciação na sociedade, aumentando a fidelidade do cliente e o reconhecimento da marca. E é justamente por esse reconhecimento que a acreditação ganha força. A gestão da qualidade é o princípio de tudo, até o estabelecimento hospitalar alcançar a acreditação hospitalar.

A qualidade permite maior controle do processo de produção e mais rapidez na correção de falhas. Alguns fatores fundamentais para o desenvolvimento da qualidade e excelência no atendimento são:

- Desperdícios e falhas implicam em produtividade abaixo do esperado.
- Seguir fielmente a legislação atualizada é essencial para as organizações de saúde.
- A qualidade estimula redução de custos e desperdícios.
- Ações de controle de qualidade valorizam os prestadores de serviço e as instituições envolvidas.

As finalidades básicas da qualidade são: atendimento igualitário, respeito às pessoas, reforço dos valores éticos da instituição e dos profissionais. Ativa a conexão da equipe de saúde e beneficia o treinamento constante dos colaboradores da organização. Os serviços de saúde objetivam alcançar certos padrões de excelência, visando a satisfação dos clientes e permitindo o acompanhamento contínua na perspectiva da gestão e da assistência.

Finalmente, destacamos o papel da acreditação nesse contexto da garantia da qualidade e de uma gestão projetada, bem como a relevância da auditoria nesses processos e das principais certificações de qualidade atuantes hoje no conceito da saúde.

Questões para revisão

1. A qualidade nas produções humanas é quase tão antiga quanto o registro histórico das civilizações. No Egito, ainda

nos tempos dos faraós, a gestão da qualidade estava presente na classificação de dois tipos de labores: uns realizavam tarefas, outros fiscalizavam o que os primeiros haviam feito. Na engenharia das estruturas e na arquitetura dos gregos e romanos, destacam-se rigorosos processos de construção e controle de produção. A respeito da **história da gestão da qualidade**, analise as sentenças a seguir:

I) O conceito de *qualidade* evoluiu, passando da ideia de adequação a normas e padrões para a adequação às necessidades dos clientes de uma instituição. As concepções e estudos de gestão da qualidade acompanharam essa evolução, deslocando seu olhar do chão da fábrica para os processos organização como um todo.

II) No começo do século de 1900, o fordismo, por meio da administração científica, passou a enfatizar a conformidade de processos e produtos com diretrizes previamente determinadas, tendo como objetivo a qualidade.

III) No período anterior à Revolução Industrial, os predicados de um produto eram definidas pela reputação e talento do artesão que organizava a produção. Foi uma época em que arquétipos da qualidade para bens e serviços foram definidos e níveis de desempenho da mão de obra começaram a ser evidenciados.

IV) A partir da industrialização, desenvolveram-se sistemas de inspeção para exame de atributos e especificações de produtos e serviços, que eram checados e testados. Surgiu assim a figura do técnico em qualidade como responsável pelo acompanhamento do processo, pela inspeção dos resultados e pela coordenação do manual interno de qualidade.

A partir da sua análise das sentenças apresentadas, assinale a alternativa que apresenta a opção correta:

a) As afirmativas I, II e III estão corretas.
b) As afirmativas I e III estão corretas.
c) As afirmativas II, III e IV estão corretas.
d) Todas as afirmativas estão corretas.

2. Na perspectiva de Donabedian (1980), a **qualidade na atenção em saúde** diz respeito à aquisição dos maiores benefícios, com menores riscos para o paciente e ao menor custo possível. A qualidade em serviços de saúde precisa integrar-se a processos institucionais para ser aferida e aperfeiçoada constantemente e naturalizada internamente, tornando-se foco de esforços de agentes do contexto, tendo em vista a excelência no atendimento aos clientes. A respeito da gestão da qualidade em saúde, escreva um texto relacionando a gestão da qualidade com a excelência do atendimento e a acreditação.

3. No contexto de controle da qualidade, a auditoria é uma atividade vital. Pereira e Takahashi (1991) afirmam que a prática de auditoria em serviços de saúde aparece pela primeira vez na literatura em 1918, em um trabalho conduzido por um médico norte-americano que documentou atividades de aferição da qualidade assistencial prestada ao paciente por meio da análise de registros em prontuário. Com relação à auditoria em saúde, analise as afirmativas a seguir e atribua V para verdadeiro e F para falso.

( ) A auditoria conduz a implementação de um sistema de revisão e de controle, visando informar a administração

88   Acreditação hospitalar

de uma organização sobre a eficiência de seus programas em desenvolvimento.

( ) Não cabe à auditoria de avaliação decidir sobre o credenciamento ou descredenciamento de determinado serviço de saúde, mas sim indicar caminhos para que adequações e reforços sejam feitos.

( ) Uma das principais funções da auditoria está em provocar a mudança organizacional por meio da indicação de falhas no processo e proposição de melhoras, por meio de ações corretivas e o desenvolvimento de ações de excelência crescente.

( ) A auditoria avalia os departamentos de uma instituição, visando aferir a qualidade dos serviços.

Marque a seguir a opção que apresenta a sequência correta:

a) V, F, V, F.

b) F, F, V, F.

c) F, V, F, V.

d) V, V, F, V.

4. O termo *acreditação* diz respeito ao processo que viabiliza que alguém, um produto ou uma organização seja digno de confiança ou receba crédito. Nesse viés, utiliza-se o termo *acreditado* para aquilo que é digno de veracidade e confiança. Sobre a acreditação hospitalar, é correto afirmar:

a) Um hospital que se submete ao processo de acreditação poderá ser acreditado por uma instituição competente, que envia uma comissão avaliadora ou, ainda, uma equipe de consultoria que seja cadastrada junto à instituição acreditadora.

b) *Acreditação* se refere a um sistema de avaliação e certificação de qualidade, que apresenta um caráter pedagógico e de reconhecimento social, visando ao contínuo aprimoramento, sem a intenção de fiscalizar ou realizar um controle estatal.

c) Segundo a ONA, o processo de acreditação se baseia em três princípios essenciais: voluntário, feito por escolha da organização; periódico, certificação que dispõe de um período de validade; público, em que uma síntese das informações coletadas são divulgadas como uma prestação de contas aos órgãos normativos, como SUS, planos de saúde e etc.

d) Os primeiros programas de acreditação surgiram com a finalidade de organizar a profissão de enfermagem, aprimorando o ambiente e a prática clínica, estendendo-se mais tarde a outras áreas de assistência à saúde.

5. A evolução histórica da acreditação hospitalar no Brasil alcançou um nível significativo para os padrões internacionais a partir de meados da década de 1970, quando o Ministério da Saúde desenvolveu a temática da Qualidade e Avaliação Hospitalar. Considerando os principais fatos e documentos que embasam a acreditação hospitalar, elabore uma linha do

tempo indicando os principais pontos relacionados da década de 1970 até a atualidade.

Questão para reflexão

Entre no *site* institucional da Capability Scotland e busque mais informações sobre a política de gestão da qualidade desenvolvida pela empresa, elencando os pontos-chave que, na sua percepção, são responsáveis pelo sucesso e reconhecimento de mercado atingindo por ela.

CAPABILITY SCOTLAND. Disponível em: <http://www. capability-scotland.org.uk>. Acesso em: 28 mar. 2017.

No *site* da BSI GROUP estão disponíveis *cases* de organizações de variados segmentos que são referência quando se fala em certificação ISO 9001.

BSI GROUP. **Estudos de caso da ISO 9001**: gestão da qualidade. Disponível em: <http://www.bsigroup.com/pt-BR/ISO-9001-Gestao-da-Qualidade/Estudos-de-caso-da-ISO-9001>. Acesso em: 28 mar. 2017.

No *link* da BSI Group há um *case* da Capability Scotland, organização que oferece serviços para pessoas com deficiência, incluindo emprego, educação e alojamento. Alcançar a ISO 9001 é uma afirmação clara da sua atitude assertiva e bem estruturada rumo à melhoria contínua e à qualidade, tanto interna como externamente. No atendimento aos deficientes, os serviços oferecidos são categorizados conforme os tipos e graus de deficiência do cliente, criando-se um plano de ação individualizado para a evolução do indivíduo.

Para saber mais

Para saber mais sobre princípios para gestão da qualidade, indicamos o seguinte livro de Peter Drucker:

DRUCKER, P. F. **Gestão management**. São Paulo: Agir, 2011.

Drucker é um autor muito conhecido e difícil de descrever. Produziu vasta obra com temáticas variadas, contribuindo para diversas áreas do conhecimento como administração de empresas, gestão, recursos humanos, educação, sociologia, filosofia e economia. Entre seu primeiro livro (1939) e o último (2005), retratou muito bem as mudanças de um período frenético da história da humanidade e no mundo empresarial, indo da Segunda Guerra até a globalização e as novas tecnologias. Seus escritos e palestras quebraram paradigmas da gestão. Seu pensamento inovador possibilitou que a liderança retomasse valores fundamentais, centrados na eficácia, humanização e objetividade.

Para saber mais sobre gestão e formação de competências, leia o o seguinte livro de Leopoldo Antonio de Oliveira Neto:

OLIVEIRA NETO, L. A. de. **Competências gerenciais**. Rio de Janeiro: FGV, 2012.

A finalidade principal do livro está em auxiliar de forma prática na capacitação de gestores como líderes-educadores, preparado para descoberta e retenção de talentos, desenvolvimento de equipes e compromisso com resultados inovadores e duradouros, agregando valores coletiva e individualmente. O texto divide-se em quatro partes: "Gestão estratégica de RH e competitividade"; "Lideranças nas organizações contemporâneas"; "Descoberta e gestão de talentos"; "Desenvolvimento de equipes".

Em complemento ao tema *gestão da qualidade*, leia o seguinte livro de Maria Thereza Bond, Angela Busse e Renato Pustilnick:

BOND, M. T.; BUSSE, A.; PUSTILNICK, R. **Qualidade total**: o que é e como alcançar. Curitiba: InterSaberes, 2012.

A temática abordada na obra vem ao encontro das importantes demandas do mercado atual, objetivando mostrar a relevância estratégica da qualidade, a satisfação dos clientes internos e externos e o uso de importantes ferramentas de qualidade a fim de facilitar o processo de melhoria contínua, no ambiente profissional e na vida pessoal. O texto divide-se em seis partes: "Fundamentos da qualidade"; "Qualidade total"; "Ferramentas para o aprimoramento da qualidade"; "ISO – International Organization for Standardization"; "Qualidade do ambiente de trabalho e o estresse ocupacional"; "Qualidade de vida: administração do estresse".

Para uma contextualização histórica dos temas tratados neste capítulo, acesse as seguintes páginas:

AMERICAN MUSEUM OF NATURAL HISTORY. Disponível em: <http://www.amnh.org>. Acesso em: 6 set. 2016.

O Museu Americano de História Natural encontra-se fisicamente na cidade de Nova Iorque e tem uma grande variedade de itens no acervo, sobre os mais variados temas. No *site* do museu é possível fazer um tour virtual, ver imagens das exposições com textos explicativos. Explore o acervo *on-line* para observar momentos históricos ressaltados nas exposições que traduzem muito bem a evolução histórica de instituições sociais, dos cuidados com saúde e evolução tecnológica que representam ganhos de qualidade em diversos processos e necessidades da vida humana.

FIOCRUZ – Fundação Oswaldo Cruz. Disponível em: <http://www.fiocruz.br>. Acesso em: 25 mar.

Cerca de 4 mil artigos científicos publicados pelas *Memórias do Instituto Oswaldo Cruz* em seus 98 anos de história estão disponíveis *on-line* no *site* da Fiocruz. Esse acervo digital diz respeito a um longo período, indo desde 1909, com o lançamento do primeiro número da revista da instituição, até a atualidade. O periódico *Memórias do Instituto Oswaldo Cruz* foi a publicação científica com impacto mais elevado na América Latina em 2006, de acordo com o Institute for Scientific Information (ISI), seguindo na última década na listagem das mais relevantes publicações acadêmicas. Desde o início do século XX, a revista publicou artigos sobre muitos temas de áreas biomédicas. Na época em que a revista foi criada havia poucos indexadores (publicações que reunissem e sistematizem as publicações científicas no mundo), tornando difícil a divulgação e o acesso por uma comunidade maior de pessoas. Nesse repositório é possível encontrar muitos artigos pioneiros, com resultados importantes que influenciam a ciência. É possível encontrar ainda obras históricas, ilustradas por artistas do passado, como Raimundo Honório e Manoel Castro e Silva.

Capítulo 2
Gestão da qualidade em hospitais

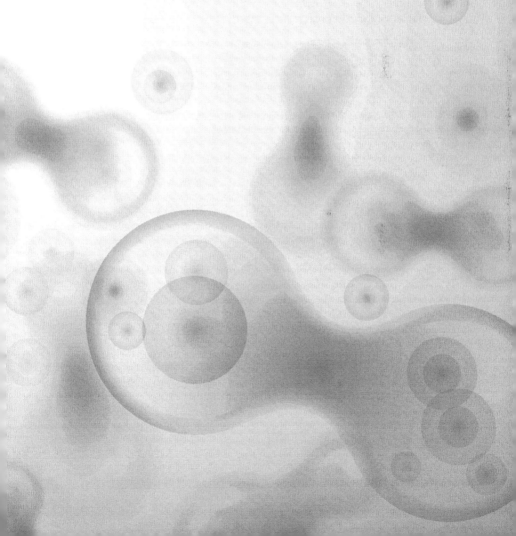

Conteúdos do capítulo:

- Aprofundamento do tema *gestão da qualidade em hospitais*.
- Princípios fundadores da gestão da qualidade em hospitais.
- Processo de acreditação hospitalar na gestão da qualidade.
- Perspectiva histórica da relação entre gestão da qualidade e acreditação.
- Cerne contemporâneo da gestão da qualidade e acreditação.
- Programas de qualidade aplicados ao setor da saúde.
- Auditoria interna e externa.

Após o estudo deste capítulo, você será capaz de:

1. explorar as nuances específicas da implantação e operacionalização de um programa de gestão de qualidade em hospitais, independentemente de porte ou áreas de especialidade;
2. compreender a gestão da qualidade em hospitais, seus princípios fundadores, o processo de acreditação hospitalar e a perspectiva histórica e atual da relação entre *qualidade* e *acreditação*;
3. contextualizar os aspectos centrais de programas de qualidade aplicados ao setor de saúde com vistas à acreditação;
4. distinguir *auditoria interna* e *externa* como processos que buscam observar, avaliar, validar e projetar a qualidade almejada, bem como compreender sua interdependência e trajetória histórica.

O presente capítulo, centro da discussão do livro, versa sobre a gestão da qualidade em hospitais, indo além da visão conceitual do capítulo anterior, a fim de atingir os objetivos enunciados. Com o objetivo de cumprir esses intentos, iniciamos o capítulo destacando os princípios fundadores da gestão da qualidade em hospitais: os pilares da qualidade em instituições hospitalares (qualidade, acessibilidade e formação); a capacitação dos profissionais para levar a cabo as ações de gestão da qualidade; a natureza complexa e multifacetada da gestão hospitalar; o ciclo PDCA, utilizado para aprimorar processos e serviços de modo contínuo (planejar/executar/verificar/agir); os critérios de excelência do modelo (FNQ); as características da informação relevante: confiável, completa, simples, verificável, específica, econômica, flexível e acessível.

Na segunda parte do capítulo abordamos o processo de acreditação hospitalar na gestão da qualidade, detalhando ainda a perspectiva histórica da relação entre gestão da qualidade e acreditação, o cerne contemporâneo da gestão da qualidade e acreditação e os programas de qualidade aplicados ao setor saúde. Na parte final do capítulo tratamos da auditoria interna e externa – observar, avaliar, validar e projetar a qualidade almejada – e da trajetória histórica da auditoria e da auditoria em Saúde, das relações entre auditoria interna e externa.

2.1 Princípios fundadores da gestão da qualidade em hospitais

A gestão da qualidade em hospitais vincula-se intrinsecamente à qualidade em saúde, bem como à cidadania, aos direitos humanos, à gestão de organizações, assim como aos princípios de excelência e satisfação dos clientes. A qualidade nos serviços de saúde pode ser definida como um conjunto de propriedades fundamentais para a continuidade profícua e eficiente de instituições, viabilizada por meio de ações de gestão estratégica, processos delineados, documentados e avaliados constantemente, planejamento eficaz, metas claras e colegiadas e integração de todos os agentes organizacionais (Malik; Telles, 2001).

Nesse tópico do livro, cabe perguntarmos: Quais são os fundamentos basilares da qualidade em saúde? Quais são os fatores que a gestão da qualidade hospitalar não pode deixar de considerar? Em organizações hospitalares, a qualidade da gestão está relacionada à satisfação das demandas dos segmentos que participam dos processos institucionais, seguindo princípios de eficácia, qualidade e humanização. Conforme Castelar, Mordelet e Grabois (2003), os predicados de qualidade hospitalar estão baseados em três pilares básicos:

1. **Qualidade intrínseca**: atendimento, cuidados hospitalares e gestão de custos. A segurança de pacientes e profissionais é essencial nesse fundamento, bem como a eficácia dos resultados obtidos.

2. **Acessibilidade ao sistema de saúde**: garantia de equidade e acesso igualitário a todas as pessoas, considerando que serviços de saúde inovadores e de qualidade devem estar disponíveis preferencialmente para quem não pode pagar. Questões geográficas dificultam a acessibilidade, além de imposições burocráticas que tornam o processo moroso.

3. **Formação dos profissionais**: qualidade moral e formação inicial e continuada dos profissionais, para que estejam capacitados técnica, física e emocionalmente para os desafios diários de um hospital.

Temos assim no esquema a seguir uma representação gráfica dessa tríade interdependente:

Figura 2.1 – Pilares da qualidade em instituições hospitalares

Muitos aspectos estão envolvidos na gestão da qualidade em um hospital, que é uma instituição de natureza complexa e multifacetada. Já parou para pensar quantos detalhes precisam ser considerados? Precisamos ter em mente que a qualidade dos serviços hospitalares depende, entre tantos outros elementos, dos profissionais de saúde, de seu nível técnico e da percepção que os clientes terão desses serviços. Em outras palavras, um profissional tecnicamente excelente que presta um serviço avaliado como insatisfatório transmite a impressão de que os préstimos do hospital como um todo são ruins. Do mesmo modo, um profissional pode demonstrar um nível técnico mais baixo e dispensar ao cliente uma atenção diferenciada em eus serviços, gerando uma percepção de que o atendimento hospitalar como um todo é adequado. Desse modo, a dimensão humana do cuidado e dos serviços prestados é também fundamental para a gestão da qualidade.

Em consonância com o pensamento de Rêgo e Porto (2005), a institucionalização de um modelo de qualidade hospitalar engloba diversas estratégias que dizem respeito à eficiência, à formação de recursos humanos, aos processos e práticas de trabalho, aos aspectos bioéticos e psicológicos que precisam ser conduzidas para que a criação dos critérios de qualidade envolva liderança, estratégias de ação, planejamento, gestão do conhecimento, avaliação permanente, processos, profissionais, clientes e a sociedade em geral.

A Organização Mundial da Saúde (OMS) define a organização hospitalar como pertencente a um sistema integrado de saúde que tem por objetivo prestar à sociedade atendimento imediato e de qualidade quento à assistência em saúde (OMS, 2005). Nesse sentido, a gestão hospitalar tem sofrido inúmeras transformações nas últimas décadas, que abarcam os recursos humanos, a gestão estratégica da qualidade e a padronização de procedimentos. A equipe gestora deve estar na vanguarda das mudanças, atuando eficientemente para que toda a organização assuma o protagonismo em cada área no atendimento aos clientes internos e externos, por meio de serviços, recursos e processos inovadores. A integração de recursos humanos, operacionais, tecnológicos e financeiros é mais que uma visão ou meta: é uma condição essencial para o crescimento da organização, visando à construção de uma gestão sólida e eficiente por meio da prestação de serviços de qualidade. Para isso, os gestores hospitalares precisam elaborar processos de controle e avaliação do desempenho, a fim de mensurar a eficiência em cada área e no sistema organizacional como um todo.

A operacionalização de um processo avaliativo necessita da construção, discussão, aplicação e validação de critérios de excelência para qualidade da gestão. Os pressupostos de excelência definem uma base de critérios fundamentais para a obtenção da excelência no desempenho humano realizado nas instituições hospitalares. Pensando nisso, a Fundação Nacional da Qualidade (FNQ) elaborou um modelo sistêmico de gestão que é adotado por várias organizações de saúde nacionalmente pensando na gestão da qualidade e em processos de acreditação (FNQ, 2015).

As normativas e orientações quanto à excelência da FNQ levaram à criação do Prêmio Nacional da Qualidade, utilizado como modelo referencial para sistemas de gestão da qualidade e excelência em hospitais. O modelo do FNQ está baseado no ciclo PDCA (*Plan, Do, Check, Act*) por meio do qual são definidos os seguintes critérios: liderança, sociedade, clientes e estratégias, na fase de planejamento (*Plan*); os critérios pessoas e processos dizem respeito à fase de execução (*Do*); já os resultados estão localizados na fase de controle (*Check*), em que informações e conhecimento regressam para a organização, visando à implementação de ações embasadas e à aprendizagem organizacional, partindo para o fechamento do ciclo com a fase de ação (*Act*), que leva à padronização (FNQ, 2008).

Uma das finalidades do ciclo PDCA é promover agilidade e melhoria progressivas nos processos de uma organização, identificando causas de problemas e erros e definindo estratégias de solução. A imagem a seguir apresenta as etapas desse ciclo.

Figura 2.2 – Etapas do Ciclo PDCA

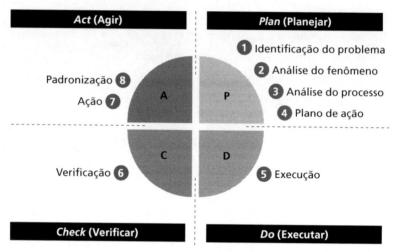

O ciclo PDCA começa com a fase de **planejamento**, cuja finalidade é planejar a estratégia do ciclo, incluindo a identificação de problemas, a análise do fenômeno e do processo e o plano de ação. Na sequência acontece a fase de **execução**, em que se coloca o planejamento em prática e se avalia a qualidade dos procedimentos, levando à etapa de **checagem/verificação**. Nessa terceira etapa, verifica-se tudo o que foi feito em comparação com o plano de ação, a fim de identificar conformidade e inadequações nas práticas. Essas três etapas implicam a necessidade de **ação** e **correção** de inconformidades e divergências.

As mudanças organizacionais alavancadas pelo ciclo PDCA podem ser agrupadas em dois tipos principais: 1) mudanças reversíveis e 2) mudanças irreversíveis. As transformações reversíveis em um processo são aquelas que permitem que se volte ao estágio anterior. Mesmo tendo ocorrido, as consequências inesperadas podem ser abortadas sem prejuízo ao sistema ou processo. Por outro lado, mudanças irreversíveis, uma vez implementadas, não podem ser revertidas, uma vez que provocam alterações estruturais na organização (FNQ, 2016).

Considerado um dos mais antigos instrumentos de gestão da qualidade, o ciclo PDCA permite que a análise e o controle dos processos institucionais sejam otimizados continuamente. Trata-se de um método largamente utilizado para maximizar a confiabilidade e a eficácia de atividades e procedimentos organizacionais. Por se tratar de um ciclo, precisa estar em fluxo contínuo, de modo que todas as fases ocorram. Para o sucesso do modelo PDCA, deve-se evitar:

- executar ações sem um planejamento sistemático;
- interromper o ciclo após uma volta;
- agir sem checagem posterior;
- planejar e checar sem agir corretivamente depois;
- definir metas sem capacitar os recursos humanos para execução de ações com assertividade.

Aprofundaremos a seguir a compreensão dos oito critérios de excelência preconizados pelo modelo da FNQ (2016), que são: liderança, estratégias e planos, clientes, sociedade, informações e conhecimento, pessoas, processos e resultados.

2.1.1 Liderança

A partir da compreensão da crescente competitividade do mercado, as organizações devem formar equipes coesas que trabalhem para alcançar os objetivos organizacionais e encontrar caminhos de motivação e crescimento. Hospitais possuem estruturas complexas, com ambientes distribuídos e compartilhados, com diversos recursos tecnológicos, colaboradores e processos, com níveis técnicos diversificados. Assim, você pode imaginar o tamanho do desafio para as lideranças. Ser um líder diz respeito a um tipo de capacidade para aproximar, agregar e conduzir pessoas de maneira integrada em função de determinados objetivos a atingir. Chiavenato (2014) pontua que a habilidade de liderança leva alguém a influenciar um grupo em função dos relacionamentos estabelecidos e de sua posição ou articulação nesse ambiente.

Para o exercício da liderança, o gestor deve se preocupar com três tópicos (Paladini, 1995): 1) modelo de liderança, 2) cultura de excelência, 3) análise crítica da *performance* do serviço de saúde. Em um **modelo de liderança**, a competência está pulverizada pela organização, em processos e grupos, nos líderes de área, na gestão colegiada, em parceiros externos. Esse modelo influencia na formulação de estratégias e linhas de ação para a organização hospital, colaborando para o estabelecimento de tendências de trabalho por meio de critérios qualitativos. A **cultura de excelência** define princípios e diretrizes de operação para o hospital, imperativos para que a cultura organizacional se consolide, visando à excelência e ao acolhimento eficaz de todos os atores do processo (pacientes, familiares, profissionais de saúde e administrativos e a sociedade). O principal desafio dos líderes está em produzir e disseminar a cultura organizacional para alavancar a organização hospitalar para uma trajetória de excelência, qualidade e humanização. A **análise crítica da *performance* do hospital** considera as demandas de todas as esferas e procedimentos estratégicos com o objetivo de avaliar o progresso nas metas, projetos e linhas de ação. A liderança tem a função de conduzir a avaliação da *performance* integral do hospital, a fim de consolidar a análise estratégica da organização para definir e redefinir os modelos institucionais, desde os registros e documentos até as ações internas no hospital.

2.1.2 Estratégias e planos

Estratégias são constituídas por gestores e conduzidas por líderes com o objetivo de orientar os segmentos profissionais e seu desempenho (Borba; Neto, 2008). Estratégias e planos contemplam todos os níveis da organização e se articulam por meio de projetos de curto, médio e longo prazos. Para que esses projetos prosperem, é indispensável alocar recursos materiais, técnicos e humanos adequados. Os gestores organizacionais utilizam-se de processos sistemáticos e documentados para aferir a efetividade das estratégias, monitorar os fatores operacionais e planejar a avaliação do processo estratégico em cada área e no hospital como um todo.

Segundo Dias e Pieri (2009), a formulação de estratégias é uma atribuição dinâmica, que contempla considerações sobre passado, presente e futuro da organização. Na construção do planejamento estratégico, sempre devem ser considerados alguns requisitos decisivos, como:

- as demandas de clientes e da comunidade;
- o ambiente competitivo e suas mudanças;
- os programas de capacitação continuada de recursos humanos;
- os desafios operacionais;
- os aspectos financeiros e as questões da economia nacional;
- a disponibilidade de recursos;
- o relacionamento com a cadeira produtiva de fornecedores.

A atenção e o conhecimento desses requisitos auxiliam na dinâmica do planejamento, que seja factível e bem estruturado, bem como alavancam a revisão permanente de princípios organizacionais, políticas de atuação, pontos fortes e fracos, também ajudando na visão assertiva de oportunidades e ameaças advindas do contexto social. "Pontos fortes e fracos são encontrados nos recursos disponíveis (humanos, materiais, financeiros e organizacionais), bem como nos processos de atendimento hospitalar" (Vidal et al., 2013, p. 10).

O planejamento estratégico representa a formalização de uma conjuntura a respeito da construção, significação e alteração de uma organização hospitalar, definindo como ela constrói estratégias em planos de ação de curto, médio e longo prazo. Ações estratégicas geralmente envolvem:

> *treinamento constante dos profissionais; adoção de novas condutas; aquisição de novos equipamentos; definição das necessidades de treinamento de cada profissional; definição do plano de desenvolvimento individual de cada profissional; escolha dos cursos a serem feitos; programação das saídas dos profissionais do serviço para realização de cursos; realização de reuniões de revisão de casos; programação de congressos e reuniões científicas, entre outros.* (Pereira; Galvão; Chanes, 2005, p. 47)

Para a realização de cada uma dessas ações referidas, a capacitação dos profissionais é um prerequisito importante, já que as pessoas são as executoras de um trabalho de qualidade, que precisa ser desenvolvido com eficiência e eficácia, tanto na integração entre segmentos profissionais quanto no atendimento aos pacientes, que merecem uma atenção ágil, protetora e tecnicamente adequada. Nesse contexto, faz-se necessário que as instituições hospitalares assumam o perfil de organizações que aprendem, geram conhecimento, capacitam constantemente seus recursos humanos e implementam inovações por meio do planejamento estratégico. Nas palavras de Possolli (2012, p. 115):

Buscar a inovação contínua – por intermédio do desenvolvimento de novos processo e serviços, da implementação de tecnologias avançadas, da gestão da qualidade, da diferenciação perante o mercado, entre outras ações – é uma atitude que visa garantir altos níveis de eficácia, competitividade e produtividade nas organizações. Tal ação implica na constante construção de conhecimentos e a habilitação tecnológica, que são efetivadas por práticas de aprendizagem organizacional. Essa aprendizagem, por sua vez, é entendida como o processo mais significativo para a inovação em ações estratégicas.

2.1.3 Clientes

A política de relacionamento com os clientes se revela na maneira como o hospital escolhe e disponibiliza canais de acesso e como trata sugestões e solicitações dos usuários. Outras práticas reveladoras são a forma como o hospital avalia o grau de satisfação e fidelidade do cliente, bem como a eficácia dos serviços prestados. Indicar o grau de satisfação do cliente deixou de ser um "indicador de resultados e passou a ser um componente de destaque dentro da gestão de qualidade hospitalar" (Gonçalves, 2006, p. 43). Para um atendimento personalizado, é importante que a equipe de profissionais saiba identificar os tipos de cliente e a melhor maneira de tratar com cada um. Segundo Rabaglio (2017), classificam-se pelo menos seis tipos de clientes: emotivo, racional, falador, calado, inovador e formal.

O Quadro 2.1, a seguir, expõe características de cada tipo de cliente e dicas de atendimento.

Quadro 2.1 – Tipos de clientes em serviços de saúde

Tipo	Descrição	Dicas de atendimento
Emotivo	Pessoas sensíveis, que demonstram carência emocional, buscam envolver o outro com suas histórias e acabam por tornar o atendimento lento.	Esse tipo de cliente espera um relacionamento afetivo e empático. É importante chamá-lo pelo nome repetidas vezes, demonstrar empatia, confortar e dar um *feedback* de que os sentimentos foram compreendidos para a condução do atendimento.
Racional	Clientes que argumentam com base em questões racionais, dados, fatos e detalhes. São objetivos e exigem respostas claras e rápidas.	Para atender essas pessoas, deve-se conhecer os detalhes e dados relativos aos procedimentos a serem realizados. É preciso demonstrar agilidade, assertividade, raciocínio rápido e evitar expressões como: "eu acho que...", "é possível que...", "não tenho certeza...". As explicações e os argumentos devem ser claros e concretos e, ao mesmo tempo, detalhados, sem margem para dúvidas, passando credibilidade.

(continua)

(Quadro 2.1 – continuação)

Tipo	Descrição	Dicas de atendimento
Falador	Pessoas que falam muito e vagam entre vários assuntos. Prolixas e pouco objetivas, exigem tempo e atenção.	Para atender os faladores, deve-se evitar embarcar em suas "viagens", sem cortar a fala de forma grosseira. É importante dar atenção, ser gentil e apresentar soluções, sempre administrando o tempo e os argumentos. Para interromper alguém prolixo, com cortesia e técnica, é preciso fazer perguntas fechadas, de resposta curta, que façam o cliente voltar para o objeto inicial da conversa.
Calado	Clientes introvertidos, com dificuldades para se comunicar e receio de se expor. Costumam resmungar e usar frases curtas e incompletas.	Para essas pessoas, deve-se direcionar várias perguntas abertas, que obriguem uma resposta detalhada. É fundamental ouvir com simpatia e dar *feedbacks* positivos, demonstrar atenção e aprovação, o que passará segurança e ajudará a pessoa a se abrir e falar mais.
Inovador	Tipo de cliente que exige que o atendente saiba muitos detalhes e forneça informações sobre elementos que não têm relação direta com o atendimento, esperando encontrar novidades.	Para esse cliente é preciso destacar o assunto dominado pelo atendente, focar no serviço objeto do atendimento e deixar claro os assuntos sobre os quais se pode fornecer informações. Atender com empatia, cortesia e solicitude.

(Quadro 2.1 – conclusão)

Tipo	Descrição	Dicas de atendimento
Formal	Pessoas atentas à etiqueta e formalidades, que consideram regras morais rigidamente.	Lidar com essas pessoas exige atenção à linguagem, ao vocabulário, à elegância e ao discurso e gesticulação adequados. Agir de forma semelhante a elas pode dar certo.

2.1.4 Sociedade

Esse aspecto diz respeito ao relacionamento harmonioso entre colaboradores e clientes, entre médicos e pacientes. Uma integração amigável é importante para que o hospital seja conhecido e a população tenha confiança em seus serviços e profissionais. "A qualidade de um atendimento de serviço de saúde é julgada na experiência do serviço, assim qualidade não é determinada pela pessoa que esta prestando o serviço e sim por quem está recebendo estes serviços" (Vidal et al., 2013, p. 12-13). É por isso que os relacionamentos interpessoais no contato entre prestadores e contratantes do serviço é tão importante.

Para que a relação entre hospital e sociedade flua de modo agradável e sem conflitos, o Hospital Israelita Albert Einstein define um código de conduta ética no qual não elencados os valores fundamentais da sociedade, a saber:

Honestidade: lidar com a realidade como ela é e honrar os compromissos.

Verdade: adequar o que é dito ao que é.

Integridade: coerência entre os valores e as ações.

Diligência: zelo e cuidado em todas as tarefas que são executadas.

Justiça: não discriminar as pessoas sob qualquer forma, seja com base na raça ou classificação étnica, idade, sexo, religião, filosofia, capacidade física, origem sócioeconômica, orientação sexual, inteligência, saúde mental ou física, atributos genéticos, comportamento, atratividade, local de origem, valores culturais ou posição política.

Altruísmo: *preocupação com o bem-estar dos outros, sem esperar reciprocidade.*

Autonomia: *capacidade de fazer escolhas e conduzir suas próprias ações.*

Profissionalismo: *se vale a pena ser feito, deve ser bem feito.*

Trabalho em equipe: *cooperação para atingir as metas e objetivos.*

(Albert Einstein, 2015, grifo do original)

Tais valores, quando presentes e sistematizados na rotina hospitalar, são um sólido fundamento que promove a pertinência e responsabilidade social da instituição.

2.1.5 Informações e conhecimento

Esse critério enfatiza a gestão, a produção e o emprego das informações. Nos processos de gestão do conhecimento organizacional, a preocupação é com o registro e o tratamento das informações em um sistema de informação, com a forma como são decididas as necessidades informacionais, os critérios de seleção e organização, os processos de armazenamento e resgate de dados (Rêgo; Porto, 2005).

Com base em uma política de gestão de conhecimento, o hospital deve elaborar indicadores para que as informações essenciais sejam identificadas e seu fluxo seja mapeado e documentado, para que se tenha clareza do processo informacional desde o surgimento de dados que compõem essa informação: os segmentos institucionais que estão envolvidos e como são armazenados, processados e resgatados. Além disso, é importante saber com que outras informações essa informação interage para a construção de conhecimento e capital intelectual próprio do contexto e da identidade do hospital. Esse caminho de construção, interações e opções de tratamento da informação precisa estar claro, ser questionado, pensado e renovado, para que o uso das informações seja seguro, ágil e o mais eficiente possível.

A complementaridade e a distinção entre dados, informação e conhecimento devem ser entendidas quando nos referimos à sociedade da informação, ou do conhecimento, em que as instituições hospitalares estão inseridas. O conceito de *sociedade da informação* alicerça o conceito de *sociedade do conhecimento*. A sociedade da informação está vinculada "à ideia da inovação tecnológica, enquanto o conceito de 'sociedades do conhecimento' inclui uma dimensão de transformação social, cultural, econômico, política e institucional, assim como uma perspectiva mais pluralista e de desenvolvimento" (Khan, citado por Burch, 2005).

A informação, para ser relevante e estratégica àqueles que tomam decisões, precisa ter certas características: ser confiável, completa, simples, verificável, específica, econômica, flexível e acessível. Tais categorias estão sistematizadas no Quadro 2.2, a seguir.

Quadro 2.2 – Característica da informação estrategicamente relevante

Característica	Descrição
Confiável	A informação confiável pode estar condicionada a algum outro fator. A confiabilidade da informação depende do método de coleta dos dados e fonte da informação.
Completa	A informação completa contém todos os fatos importantes. Por exemplo: um relatório de investimento que não inclua todos os custos importantes não é completo.

(continua)

(Quadro 2.2 – conclusão)

Característica	Descrição
Simples	A informação também deve ser simples. Quando um tomador de decisão dispõe de muita informação, há dificuldade em determinar qual delas é realmente importante. Informação pontual é aquela obtida quando necessária.
Verificável	A informação deve ser verificável. Isso significa que pode ser conferida para que seja assegurado que está correta.
Específica	A informação específica não contém erro. Em alguns casos, a informação inespecífica é gerada porque dados imprecisos são alimentados no processo de transformação.
Econômica	A informação deve ser relativamente econômica para ser viabilizada. Os tomadores de decisão precisam equilibrar o valor da informação com o custo de produzi-la.
Flexível	A informação flexível pode ser usada para uma variedade de propósitos. Por exemplo: a informação sobre o estoque disponível pode ser útil para o vendedor num fechamento de venda e para o executivo financeiro, que especifica o valor total investido pela empresa em estoque.
Acessível	A informação deve ser facilmente acessível aos usuários autorizados, que devem obtê-la na forma correta.

Fonte: Elaborado com base em Possolli; Hanna, 2012.

Na gestão de informações estratégicas em um hospital, a preocupação principal deve se focar na utilização dessas informações para apoiar a análise crítica do desempenho global e a tomada de decisões, as mudanças e as inovações nos processos internos. A ênfase na gestão de informações está na maneira como elas se relacionam aos processos hospitalares e com as metas a serem alcançadas pela organização como um todo.

Segundo Vidal et al. (2013, p. 12), as informações são coletadas, sobretudo, por meio de

estágios, cursos e visitas a outros hospitais; relatórios de outros hospitais; contratação de consultores ou especialistas; palestras; participação em associações profissionais e da especialidade; pesquisas; visitas a pacientes; intercâmbio de informações; participação em congressos; feiras e exposição no Brasil e em outros países; livros, revistas, papers, periódicos e websites, entre outros.

Visando compreender a sociedade do conhecimento, podemos defini-la como a sociedade na qual o conhecimento se constitui como uma riqueza central, indicativo de poder, um ativo estratégico primordial, tanto para as organizações como para as nações. Fedoce e Squirra (2011, p. 1) explicam que independente de qualquer definição ou classificação, "a sociedade do conhecimento se caracteriza pela expansão do acesso às informações e pela combinação das configurações e aplicações da informação com as tecnologias da comunicação em todas as suas possibilidades". Em consonância com esse posicionamento, Peter Drucker, um dos grandes teóricos da administração moderna, defende que "na sociedade atual, o conhecimento é o recurso básico para os indivíduos e para a economia em geral. A terra, a mão de obra e o capital – os tradicionais fatores de produção – não desaparecem, mas se tornam secundários" (Drucker, 1999, p. 41).

2.1.6 Pessoas

A área responsável por gerir pessoas desempenha função estratégica nas organizações hospitalares. A gestão estratégica estabelece políticas, práticas e requisitos com o intuito alinhar as pessoas ao planejamento estratégico da organização. Mesmo diante dessa relevância evidente, algumas vezes essa área não é observada de modo adequado pelos profissionais, independentemente de seu tempo de exercício profissional, segmento de atuação ou competência técnica.

A gestão de pessoas se vincula a atividades de organização e operacionalização de processos referentes ao direcionamento de recursos humanos, questões trabalhistas, atribuições, segurança, valorização e saúde dos profissionais. Para elevação do desempenho e aproveitamento do potencial das pessoas, é necessário um sistema laboral que conduza talentos e ocupações, preocupando-se com a capacitação e o desenvolvimento dos colaboradores, implementando ações para melhoria da qualidade nos relacionamentos, no ambiente de trabalho e nas condições técnicas. Nesse sentido, os esforços de criação e perpetuação de um ambiente organizacional de excelência do desempenho, democrático e participativo tornam-se fundamentais.

Segundo Pereira, Galvão e Chanes (2005), no sistema de trabalho, a estruturação dos serviços, a elaboração de protocolos, as rotinas, o suporte para todos os setores, a escolha e a integração de novos integrantes, as avaliações periódicas de desempenho e o encaminhamento de *feedbacks* para pessoas e setores são aspectos que precisam ser planejados com relação a pontos fortes e fracos (estabelecendo estratégias de ação).

A formação e o desenvolvimento de habilidades profissionais[1] é um fator primordial, tendo em vista que os investimentos na qualificação profissional têm relação direta com a melhoria da assistência prestada aos pacientes, às famílias e à sociedade em geral. Nesse sentido, Malik e Telles (2001) destacam a necessidade de que uma capacitação eficaz esteja alinhada: com as estratégias

---

1   Dada sua importância será uma das temáticas abordadas no Capítulo 4 deste livro.

da organização e o desenvolvimento de competências, contribuindo para a melhoria do desempenho dos colaboradores e a efetivação da missão do hospital. Outra questão central na gestão de pessoas é a qualidade de vida que é uma preocupação permanente, uma vez que é frequente que os profissionais da saúde sejam submetidos a uma rotina estressante e longas jornadas de trabalho que comprometem a qualidade da assistência prestada. As funções e escalas de trabalho precisam contemplar o repouso e as férias conforme definido na legislação específica da área.

Na contemporaneidade, é perceptível a rejeição à abordagem que vê as pessoas como insumos organizacionais ou meros recursos a serem controlados, bem como à ausência de comprometimento e interesse reais pelos indivíduos e seus trabalhos. As pessoas devem ser vistas como parceiras para atingir objetivos compartilhados de modo cooperativo, buscando-se a qualidade e os resultados para a organização, juntamente com a satisfação pessoal e profissional dos membros que fazem o dia a dia da instituição.

> Para que essa visão de parceria se estabeleça nas organizações, torna-se necessário romper com o passado, deixar de lado alguns conceitos e experiências tradicionais, e buscar soluções criativas, ampliando-se a atuação da área de gestão de pessoas para uma perspectiva estratégica. Esta visão tem sido amplamente discutida pelos especialistas da área, que entendem as pessoas como a dimensão que fará a diferença para todos os tipos de organização na nova era do conhecimento e da inteligência competitiva (Gil, 2001; Tachizawa; Ferreira & Fortuna, 2001; Cardwell & Tichy, 2003; Nanus, 2000; Sull, 2003; Tichy & Cohen, 1999). (Brand et al., 2008, p. 80)

Nas organizações de saúde, esse contexto de mudanças na visão sobre as pessoas também é presente. Devido à crescente exigência por qualidade nos serviços de saúde, considerando ainda a evolução tecnológica e a concorrência nessa área, as organizações de saúde têm se preocupado em aprimorar suas políticas de gestão, desenvolvendo práticas para otimizar o desempenho das pessoas e auxiliar na elevação da satisfação e comprometimentos dos colaboradores (melhorando o clima organizacional).

2.1.7 Processos

A gestão de processos possibilita um ambiente organizacional em que é possível identificar o conjunto de atividades que agregue valor aos usuários do serviço de saúde (Castelar; Mordelet; Grabois, 2003), além de vincular e nortear as diversas unidades e os setores organizacionais com foco nos resultados esperados e aferir custos e recursos a fim de desenvolver habilidades e competências, objetivando a estruturação e a modelagem dos processos. A padronização dos processos hospitalares "se traduz, materialmente, por manuais de rotinas e procedimentos em que estão registrados os agentes responsáveis pelas atividades a serem desenvolvidas e as sequencias de execução das atividades" (Vidal et al., 2013, p. 14-15), incluindo os respectivos cronogramas, o diagrama de fluxo, as políticas, diretrizes e rotinas dos serviços. Esses documentos que registram os processos precisam, fundamentalmente, estar atualizados e disponíveis de maneira ágil.

Ao se estruturar e definir como será a gestão de processos, faz-se necessário registrar todo o fluxo, a projeção e a aplicação de processos, isto é, como se dão os seguintes processos: 1) a aplicação da assistência (entre o protocolo base e sua efetiva execução); 2) a definição e o controle de processos de apoio administrativo, além daqueles que existam como suporte para o atendimento aos pacientes, sem os quais a assistência não acontece; 3) a gestão dos processos de interação com os fornecedores de insumos, a gestão financeira e a integração com a comunidade como um todo.

2.1.8 Resultados

O último critério de excelência destacado pela FQN (2016) são os resultados, atrelados a objetivos claros e um planejamento estratégico realizável. Os resultados institucionais devem ser mensurados mediante o estabelecimento de séries históricas e vir acompanhados de referenciais comparativos pertinentes, visando à avaliação constante (e não só ao final de um processo ou serviço) do nível alcançado, assim como dos níveis de desempenho ligados aos requisitos básicos dos órgãos internos e externos ao hospital, para que seja possível verificar o atendimento.

2.2 Processo de acreditação hospitalar na gestão da qualidade

Nas últimas três décadas, intensificou-se uma mobilização mundial com relação à aplicação de programas de qualidade em organizações hospitalares, com a criação de institutos e selos de acreditação específicos. Essa iniciativa objetiva aprimorar a gestão hospitalar e provocar mudanças positivas com vistas à eficiência dos serviços de saúde. Nesse contexto, considerando a realidade brasileira, vários instrumentos oficiais de avaliação do desempenho das organizações hospitalares do Sistema Único de Saúde (SUS) e de sistemas privados foram desenvolvidos. Esses recursos se baseiam em um conjunto de critérios que o hospital precisa observar, por meio de padrões especificados e aceitos por uma comunidade científica, embasando-se na aplicação de princípios e técnicas da área de gestão de qualidade (Quinto Neto, 2000).

Esse movimento por qualidade é igualmente sentido em hospitais da rede privada suplementar, que se baseiam nas diretrizes de instituições certificadoras, que, por sua vez, avaliam as instituições mediante processos de reconhecimento internacional. A obtenção de certificações de qualidade leva à acreditação da instituição diante da sociedade e de uma comunidade científica específica, demonstrando excelência na execução de procedimentos e serviços, preocupação com o atendimento eficaz ao cliente e crescente atenção à preocupação com a manutenção de um padrão de qualidade.

Na atualidade, a implantação de programas de qualidade na área da saúde está atrelada à elevação de custos nos serviços hospitalares, sobretudo em tempos de crise e com o valor do dólar elevado, já que grande parte dos equipamentos e suprimentos dependem da cotação da moeda americana. Na última década, a agenda internacional de reformas na área da saúde abarca uma série de ações que objetivam diminuir os custos diretos e os processos engessados, no que se refere à assistência em saúde dentro de uma política nacional e internacional de administração da saúde dos cidadãos. Com base nesse panorama, os governos de diversos países passaram a apoiar a concorrência entre hospitais e a "limitar o pagamento total das faturas, encorajar um melhor gerenciamento das organizações de saúde através de programas de qualidade, limitar procedimentos e acesso a subgrupos populacionais mais susceptíveis, e desviar alguns custos para os usuários" (Costa, 1996, p. 19).

Há nas instituições hospitalares certas especificidades de natureza econômica e gerencial que costumam se apresentar como obstáculos para a implantação bem-sucedida de programas de qualidade. Algumas dessas características, que demonstram dificuldades na introdução esses projetos que visam garantir um atendimento com excelência nos hospitais, são pontuadas a seguir:

a. *as leis de mercado não se aplicam bem ao setor em face das necessidades humanas e prioridades não mercantis, que se impõem independentemente dos custos de produção, valor de mercado e preços praticados;*

b. *a concorrência não é um elemento forte no ambiente destas organizações, pois este é um segmento cronicamente carente em alguns países;*

c. *a variabilidade da assistência demandada é enorme e cada paciente se comporta subjetivamente de maneira diferente, o que dificulta uma rígida padronização do processo de trabalho em saúde e a racionalização da oferta de serviços;*

d. *não há simetria de informação neste mercado, pois os clientes são geralmente leigos e não têm capacidade de julgar seu tratamento, nem suas necessidades, o que dificulta o exercício das suas opções de consumo;*

e. *o consumo do serviço é imediato à produção e, portanto, não há tempo para o controle prévio da qualidade, nem estoque para inspeção final;*

f. *a produção do serviço é executada por uma grande variedade de profissionais de diversos níveis de escolaridade e formação, com interesses corporativos distintos;*

g. *a categoria médica apresenta forte resistência aos programas por sentir-se fiscalizada e tolhida na conduta clínica dos pacientes ante o controle externo.* (Gurgel Júnior; Vieira, 2002, p. 326)

Do outro lado, no aspecto positivo, existem argumentos sólidos em relação aos resultados significativos quanto à adoção de programas de qualidade na administração hospitalar, visto que não basta congregar o melhor corpo clínico para que um hospital preste assistência de qualidade, uma vez que a qualidade depende da integração de diversos fatores que interagem na organização como um todo para que a excelência seja alcançada e mantida. Em consonância com Berwick (1994), deve ficar claro que a intervenção dos programas nos processos organizacionais não se faz diretamente nos aspectos clínicos, mas é primordial com relação às questões administrativas do hospital e para a gestão profissionalizada, de modo a alcançar uma qualidade progressiva e consolidada nos serviços de saúde. Os segmentos administrativos (como financeiro, estoque, equipamentos, atendimento), o apoio logístico (lavanderia, transporte), a atuação como ligação entre setores que a equipe de enfermagem exerce, juntamente com os setores que garantem o funcionamento das áreas operacionais, são os objetos principais dos programas de qualidade. Esses segmentos impedem que os setores responsáveis pela atividade fim percam tempo para tratar de problemas administrativos, que não são foco do seu trabalho, para se concentrarem em seus papéis específicos obtendo um desempenho superior.

Nos Estados Unidos, o Programa de Demonstração Nacional de Melhoria da Qualidade de Serviços de Saúde obteve resultados surpreendentes com relação à adesão e elevação na qualidade dos processos, no que se refere especialmente à capacitação dos profissionais, à satisfação dos clientes, ao aumento da capacidade gerencial para compreender e solucionar problemas, ao atingimento de metas, e, sobretudo, à probabilidade de definir um caminho embasado para a mudança intraorganizacional no setor (Berwick, 1994).

O gasto público com saúde no Brasil gira em torno de 80 dólares *per capita* anualmente. Muito pouco, e nesse valor ainda está embutido o desperdício significativo de recursos (Medici, 1995). Essa questão aliada à crise de gestão na área da saúde no Brasil, verificada sobretudo pela precariedade da assistência hospitalar, justifica o empenho para a construção e a aplicação de programas de qualidade, com o intuito de promover transformações que levem à melhoria dos serviços e reduzir desperdícios.

Nesse sentido, instituições públicas e privadas passaram a trabalhar em conjunto para a elaboração de critérios e métricas de qualidade, bem como de instrumentos de avaliação, partindo da experiência acumulada em outros países. No Brasil, a institucionalização de processos de acreditação hospitalar mediante a aplicação sistemática dos manuais de acreditação expressa na prática a concretização desses movimentos e demandas por qualidade na saúde. Desse modo, "a evolução e adequação destes programas ao setor saúde apontam para o mesmo processo histórico vivenciado em outros setores já há alguns anos, como passamos a observar" (Gurgel Júnior; Vieira, 2002, p. 327).

2.2.1 Perspectiva histórica na relação entre gestão da qualidade e acreditação

Historicamente, qual é a relação entre a gestão da qualidade e a acreditação? Para se compreender a evolução do campo de acreditação hospitalar, é preciso compreender a evolução histórica na construção da gestão da qualidade nas organizações. O foco na qualidade entendida como um objetivo estratégico de atenção gerencial é verificado desde os primórdios das atividades manufatureiras, no período em que a produção artesanal predominava.

O Quadro 2.3, a seguir, sintetiza os momentos históricos importantes que definiram a evolução da gestão da qualidade e do modo como a acreditação das instituições era percebida em cada período.

Quadro 2.3 – Foco das fases da gestão da qualidade

Fase	Período	Foco da gestão da qualidade e acreditação
Manufatura	Século XIX até início do século XX	Os mestres artesãos observavam as atividades dos aprendizes, sendo esse o principal instrumento de controle da qualidade para evitar e corrigir falhas no processo de manufatura.
Industrialização	Início do século XX	Inaugurou profundas mudanças nos processos de trabalho, trazendo elevação da produtividade, controle de tempos e tarefas (fordismo). Uso massivo de máquinas para produção e foco na uniformidade dos produtos. Inspeção sistemática a fim de verificar o produto final e retirar os produtos defeituosos. Início do movimento da qualidade e primeiras atividades focadas na qualidade de forma científica e sistematizada, com o uso de métricas e gabaritos.
Controle de qualidade do produto	A partir de 1930	Progresso da atividade de inspeção com a instauração de departamentos de engenharia de produção com uso de ferramentas estatísticas para o controle da qualidade. O produto final e seu controle adquiriu caráter científico por Shewhart, em 1931. Os princípios dessa fase originaram o controle estatístico por amostragem, com técnicas de limites de variação durante todo o processo fabril.

(continua)

(Quadro 2.3 – continuação)

Fase	Período	Foco da gestão da qualidade e acreditação
Era da garantia da qualidade	Décadas de 1950 e 1960	Nessa fase foram desenvolvidos os quatro elementos no processo evolutivo da qualidade, especialmente em organizações japonesas: quantificação dos custos da qualidade; controle total da qualidade; engenharia da confiabilidade; programa de zero defeito. Nessa época, o objetivo era prevenir problemas com maior uso de técnicas estatísticas. Criou-se o Ciclo de Deming, conhecido como PDCA (*Plan, Do, Check, Act*).
Satisfação do cliente e custos	Décadas de 1970 e 1980	A preocupação com os custos de produção e a incorporação do conceito da satisfação do cliente são um avanço importante nessa fase. Os programas de qualidade tiveram que se adaptar a um mercado com uma concorrência cada vez mais acirrada, clientes mais exigentes, e pela criação de leis e códigos de defesa do consumidor. A isso, somou-se a necessidade de produzir mais e melhor com custos menores.
Normas ISO	Década de 1980 até a atualidade	Aplicação de programas de qualidade dando origem às certificações ISO, trazendo a incorporação de parâmetros sólidos de avaliação do desempenho organizacional e vinculação a uma chance maior de angariar recursos e expandir mercados. A ISO existe desde a década de 1950, porém, foi em 1987 que o Inmetro (Instituto Nacional de Metrologia, Qualidade e Tecnologia) lançou a família de normas ISO 9000, baseadas em normas britânicas da qualidade e em experiências e contribuições de especialistas de diversos países; com isso, superou divergências quanto a terminologia, conceitos e práticas, chegando a um conjunto de normas que foram um marco histórico na evolução da gestão da qualidade e acreditação.

(Quadro 2.3 – conclusão)

Fase	Período	Foco da gestão da qualidade e acreditação
Gestão estratégica da qualidade	Contemporaneidade	Contempla o uso de técnicas comportamentais, o conceito de clientes internos e externos (em que satisfação dos clientes é o objetivo maior), a integração entre o fazer e o pensar, a formação de equipes baseadas em projetos, a ênfase em processos e os fluxos de trabalho. A qualidade passou a ser perseguida pelos gestores estratégicos das organizações, se tornando um objeto de análise de grandes corporações em todos os setores de atuação social e econômica.

Fonte: Elaborado com base em Tostes, 2011.

A partir da era da garantia da qualidade, ocorreu a evolução dos programas de qualidade para os formatos e princípios modernos de gestão da qualidade e acreditação hospitalar. Cabe assim detalharmos os quatro elementos da garantia de qualidade: 1) quantificação dos custos da qualidade; 2) controle total da qualidade; 3) engenharia da confiabilidade; 4) programa de zero defeito (Wood Junior; Urdan, 1994).

A **quantificação dos custos da qualidade** abordava, em um primeiro momento, a questão dos custos da não qualidade, conscientizando as instituições sobre as perdas e seus impactos no que se refere aos defeitos na produção, incluindo os custos extras do retrabalho e as implicações na insatisfação dos clientes com a baixa qualidade de produtos ou serviços. O mapeamento de custos evitáveis, gerando planos para contê-los, evita prejuízos financeiros e melhora a competitividade das instituições em um mercado de concorrência acirrada.

O **controle total da qualidade** considera que a qualidade de um produto ou serviço deve ser perseguida por todos os agentes organizacionais, desde a concepção ao planejamento, passando

Gestão da qualidade em hospitais   125

pela produção e mobilização de recurso, até que o produto ou serviço seja efetivamente entregue aos clientes. Nessa visão, segundo Gurgel Júnior e Vieira (2002, p. 328), "a qualidade não é um trabalho isolado do Departamento de Controle, é na verdade objetivo de toda organização, da alta gerência aos setores operacionais". Diante dessa estratégia de gestão, a qualidade tornou-se uma questão de competitividade e crescimento de mercado e um desígnio tanto dos níveis gerenciais mais elevados como das pontas da cadeia produtiva, perpassando a organização toda, todos os colaboradores envolvidos, direta ou indiretamente, no atendimento aos clientes. Por meio dessa concepção, criaram-se equipes interfuncionais, com a finalidade de refletir e sistematizar os processos de padronização de produtos e serviços. São processos interconectados e abrangentes que incluem atividades mais teóricas como a formulação do projeto, além da escolha de fornecedores, controle dos atendimentos e da produção e satisfação dos clientes. É necessário inclusive um controle estatístico por amostragem para o registro de índices e métricas de qualidade.

Outro componente indispensável para a garantia da qualidade é a **engenharia de confiabilidade**, que se destina a avaliar a durabilidade e a funcionalidade de produtos e serviços ao longo do tempo: quanto mais tempo um produto ou serviço se mantiver funcionando dentro dos padrões ideiais de qualidade, mas confiável será.

O **programa de zero defeito** é o quarto elemento da garantia de qualidade, tendo como alvo realizar o desenvolvimento de um produto ou serviço sem erros, evitando perdas e a necessidade de retrabalho. Por meio da criação desse componente, passou-se a ponderar questões comportamentais envolvidas no gerenciamento das organizações, uma vez que o instrumental até então existente não prevenia ou tratava os problemas que desembocavam na má qualidade. Assim, foi a primeira vez que processos de gestão de qualidade se propunham a formalmente encontrar obstáculos ao fluxo de trabalho (retrabalho e sobretrabalho), analisando a repercussão na performance organizacional. Tendo por base as fases mais atuais que abrangem as normas ISO e de gestão estratégica da qualidade, partimos para o conceito moderno de qualidade, entendida como um "conjunto de atributos essenciais à sobrevivência das organizações em um mercado competitivo, objeto da gerência estratégica, líder do processo, que envolve planejamento estratégico, estabelecimento de objetivos e mobilização de toda organização" (Garvin, 1992, p. 27). A responsabilidade social das empresas com seu ambiente externo também passou a ser foco da gestão da qualidade, potencializando a preocupação com a conformidade com diversas normativas nacionais e internacionais, com aplicação em vários setores da economia, especialmente no setor de serviços.

Uma organização hospitalar que se propõe a ser um aparelho de intervenção terapêutica, com a finalidade fundamental de obter a cura dos doentes é uma prática social relativamente nova. Os primeiros hospitais foram estruturados no final do século XVIII, no mesmo período em que a Academia de Ciências da França buscava a padronização para os hospitais existentes. Essa instituição promoveu viagens de pesquisa cujo objetivo era estudar aspectos físicos, operacionais e técnicos a fim de transformar os "depósitos de doentes" em instituições que priorizassem a assistência à saúde como um ambiente de prática médica e tratamento. Anteriormente ao século XVIII, os hospitais eram instituições de isolamento, que buscavam separar os enfermos da sociedade, como um local de espera pela morte, em que as intervenções sobre os doentes eram mínimas. Nessa época, a formação médica não incluía atividade hospitalar. No século XIX,

Gestão da qualidade em hospitais

a prática hospitalar passou a ser uma atividade rotineira, por meio da realização de visitas e da evolução hospitalar de pacientes, e os médicos passaram a se preocupar em observar o comportamento dos doentes e criar procedimentos para auxiliar no processo de cura. As grandes guerras mundiais levaram à criação de hospitais militares, abundantes especialmente na Europa. Disciplina e certos protocolos militares foram incorporados por hospitais, como: fichamento de pacientes com relato sobre evolução, procedimentos e medicação; identificação de leitos e alas; separação de pacientes por doenças ou gravidade. Desse modo, o hospital passou a se constituir como um campo documental normatizado e um espaço de cura (Foucault, 1981).

2.2.2 Cerne contemporâneo da gestão da qualidade e acreditação

Na atualidade, como é possível caracterizar a relação entre *gestão da qualidade* e *acreditação*? Se as organizações hospitalares estão dentre as mais complexas da sociedade, congregando equipes multidisciplinares que fornecem assistência à saúde de natureza preventiva, curativa e realibilitadora para pacientes internados ou em atendimento ambulatorial, com o uso de tecnologias e técnicas em constante atualização, como as políticas de qualidade se inserem nesse contexto? Hospitais públicos, privados ou filantrópicos inserem-se em um cenário complexo e único, tendo um modo de operar considerado ineficiente sob a ótica capitalista, em que vigora a lógica da acumulação lucrativa. Seja qual for a natureza administrativa, um hospital sempre estará subordinado a princípios éticos e legais que regem o setor saúde, o repasse de recursos e as políticas públicas e suas diretrizes. Tais princípios inserem os hospitais em um espaço delicado, com grande diversidade de interesses a serem contemplados e que nem sempre são convergentes. Nogueira (1999) evidencia cinco grupos de interesse:

1. as demandas dos usuários, que solicitam assistência dos hospitais de modo diverso;
2. os interesses de trabalhadores da saúde, que buscam boas condições de trabalho e remuneração justa;
3. acionistas, no caso de hospital privado, que objetivam o lucro e a redução de custos;
4. interesses de fabricantes e distribuidores de insumos, de seguradoras e planos de saúde, que, em última análise, têm com o hospital uma relação comercial;
5. demandas dos poderes formalmente instituídos na gerência hospitalar e em órgãos reguladores e governamentais, que visam alcançar objetivos técnicos e metas programáticas.

Nem tudo são flores na gestão hospitalar e resistências precisam ser vencidas. Algumas classes médicas se opõem a programas de qualidade, já que historicamente seus respectivos profissionais sempre detiveram destaque e poder em organizações hospitalares. Por isso, os médicos mais tradicionais não enxergam com bons olhos o fato de seu trabalho ser avaliado para aferir a qualidade. Assim, acabam por questionar as instituições certificadoras e os métodos de avaliação utilizados. Grande parte dos médicos é remunerada por produção de serviços, ou seja, pelo número de consultas e procedimentos realizados, o que faz com que muitos desses profissionais se impacientem e vejam na avaliação da qualidade uma grande perda de tempo. Nessa perspectiva, por se considerarem donos do próprio trabalho e isentos de métricas de desempenho, acabam sendo resistentes a participar de programas de qualidade (Berwick, 1994).

Outra questão importante que interfere consideravelmente na adesão dos médicos a programas de qualidade é que a formação desses profissionais tem base no modelo flexneriano[2], dando ênfase à prática clínica com enfoque biologicista. Nesse modelo, as dimensões sociológicas, políticas e administrativas ficam em segundo plano.

Esses são obstáculos à gestão da qualidade nos hospitais, temática importantíssima no contexto atual e ainda pouco debatida nos currículos dos cursos de Medicina, fato que contribui para a resistência de adesão dos médicos aos programas de qualidade, como se a questão fosse uma preocupação meramente administrativa.

2.2.3 Programas de qualidade aplicados ao setor saúde

A compreensão dada à gestão da qualidade e sua importância para os processos institucionais mudou com o passar do tempo em virtude da inclusão de novos componentes no curso de evolução das organizações e da sociedade como um todo. Porém, ressaltamos que a implementação de programas de qualidade nem sempre é coroada de êxito, pois dificuldades e fracassos podem ocorrer, como em qualquer processo humano ou organizacional. No intuito de atingir sucesso nesse objetivo, que cuidados devem ser tomados para uma gestão de qualidade eficiente e emancipatória? Estudos auxiliam na percepção das razões que levam programas de qualidade a não alcançarem os resultados esperados. Dentre eles se encontra o estudo de Wood Junior e Caldas (2005) que pontua quatro dimensões a serem analisadas quanto

---

2   Referente à medicina flexneriana ou científica. Para maiores detalhes, acesse: <www.saude.mt.gov.br/arquivo/2220>.

às dificuldades de se construir estratégias de superação de empecilhos à gestão da qualidade.

A primeira dimensão é a **antropofágica**, que diz respeito à "transposição de pacotes gerenciais criados em uma determinada realidade sociocultural para outra, o que gera possibilidades de problemas de conflito entre os pressupostos básicos da técnica e os valores da organização que irá adotar tal técnica" (Wood Junior; Caldas, 2005, p. 41). Por isso, devemos ter em mente que soluções rápidas ou preconcebidas não irão proporcionar uma análise personalizada que conduza à identificação dos pressupostos dificultadores e à sua respectiva comparação com princípios de qualidade e aspectos locais, para que sejam compreendidas as adequações necessárias.

A segunda dimensão é a **eficiência**, conceituada como uma concepção atrelada à racionalidade instrumental, que se relaciona ao estabelecimento de métricas que permitam aferir resultados de processos administrativos e procedimentos técnicos, envolvendo análises de custo-benefício. Portanto, mostra-se importante para o processo de acreditação. Uma avaliação benfeita quanto à eficiência precisa estar vinculada a um estudo aprofundado sobre a natureza, a história e a cultura organizacional. Os hospitais subordinam-se a essa dimensão mediante critérios de efetividade e indicadores de desempenho. Uma organização que lida com a saúde e o bem-estar das pessoas não pode se sujeitar à mera lógica da acumulação capitalista. É verdade que um hospital precisa de sustentabilidade financeira, mas essa deve ser pensada sem um enfoque mercantilista, para não colocar em cheque a razão de ser de um hospital.

A terceira dimensão que ajuda no entendimento do fracasso de programas de qualidade é a falta de **profundidade** da análise organizacional para a implementação da gestão da qualidade.

Gestão da qualidade em hospitais

O foco em aspectos instrumentais da gestão da qualidade poderá impedir a compreensão da complexidade nas organizações hospitalares. Desse modo, "as coalizões de poder interno, os objetivos organizacionais operativos e a cultura institucional são elementos importantes que precisam ser considerados antes da [...] implementação [de processos de acreditação]" (Gurgel Júnior; Vieira, 2002, p. 331).

O processo de consolidação de programas de qualidade não envolve apenas aplicar padronizações e seguir roteiros. A ideia de adotar um programa fundamentado na aplicação de manuais e critérios de excelência, aliada ao estabelecimento estanque de metas, sem uma visão personalizada e aprofundada do ambiente organizacional, tem levado ao insucesso de diversas experiências de acreditação hospitalar, especialmente quando os gestores esperam resultados rápidos, sem mudar a cultura e a estrutura organizacionais (Bouckaert, 2005; Rago, 2007).

A quarta dimensão diz respeito à **percepção hegemônica** da qualidade e, como consequência, de seu gerenciamento. Nessa perspectiva, os programas de qualidade implementam-se sob a ótica do grupo dominante, constituindo-se em uma arena política na organização, em que os processos são conduzidos conforme os interesses corporativos desse grupo. Divergências e conflitos são negociados visando à hegemonia do grupo. Como implicação grave, os programas de qualidade se tornam prejudicados e maquiados, passando uma visão de convivência harmônica e democrática. As pessoas são ouvidas e suas solicitações são registradas; porém, após uma série de trâmites burocráticos, os intentos do grupo dominante é que prevalecem.

A complexidade em se identificar as especificidades da relação com os clientes torna minuciosa a avaliação desse critério de excelência dos programas de qualidade. Para se conquistar e fidelizar um cliente, incluindo os hospitais, dois requisitos básicos precisam estar contemplados: escolha e contrato.

Um cliente tem que ter o direito de escolha sobre o que lhe é oferecido. Isso chama a atenção para a falácia do conceito de cliente interno, por exemplo, pois em uma cadeia produtiva onde o trabalho de um indivíduo em uma organização depende do trabalho de outro, esse não tem escolha a fazer. [Já o contrato] deve ter fundamento comercial. Portanto, em uma organização pública ou em um hospital ou escola [...], o contrato que fundamenta a relação nesses casos é do tipo "contrato social", fundamentado no direito e na cidadania, em que o fato de um serviço ou produto ser pago através de impostos não significa necessariamente que o contrato seja de natureza mercantil. [...] chama-se atenção para o fato de que [...] serviços [...] são trocados pela moeda corrente, e nesse sentido, é uma relação comercial. (Gurgel Júnior; Vieira, 2002, p. 331)

Considerando a natureza do serviço prestado por um hospital, devemos questionar: Qual é o negócio do hospital? É a vida das pessoas. Reduzir uma atribuição extremamente nobre a uma dimensão simplista como a relação cliente-organização envolve questões éticas que vão além do imediatismo gerencial que programas de qualidade baseados na racionalidade industrial procuram instituir (Gurgel Júnior; Vieira, 2002). Aplicar programas de qualidade total de forma desvinculada de pressupostos específicos que considerem a relevância dos serviços de saúde na sociedade, as características da comunidade atendida e a história de cada organização, torna-se frustrante e perigoso (Gurgel Júnior; Vieira, 2002). A escolha, o planejamento e o gerenciamento de programas de qualidade em hospitais, em sua percepção e operacionalização, estão submetidos "a elementos estruturais, como a cultura e a natureza institucional, a lógica do poder interno e a definição dos objetivos operativos" (Gurgel Júnior; Vieira, 2002, p. 332).

Gestão da qualidade em hospitais

Dessa forma, o sucesso dos programas é relativo, e se dá em face da cooperação e coalizões internas. Quanto mais personalizado, democrático, integrado e específico for o processo de gestão de qualidade, haverá mais chances de sucessos e de mudança permanente em um hospital (Gurgel Júnior; Vieira, 2002).

Os princípios de gerenciamento da qualidade total são importados das engenharias e concebem a organização sob a ótica da abordagem mecanicista. No entanto, a organização é um fenômeno social, e, muito embora sejam úteis, as leis da engenharia não devem ser aplicadas integralmente sem que haja uma análise aprofundada de suas potencialidades e limitações. Especialmente na área da saúde, os programas de qualidade apresentam uma tendência enraizada de focar na avaliação das condições de hospitais e serviços de saúde, enfatizando a infraestrutura, os processos técnicos e os resultados. A proposta de gestão de qualidade advinda das engenharias identifica e descreve aspectos importantes e imprescindíveis para a qualidade dos serviços, porém se restringe ao "diagnóstico e posicionamento das organizações com base em modelos referenciais" (Gurgel Júnior; Vieira, 2002, p. 332). Identificar problemas e aspectos críticos na gestão de cada setor é somente o início na conquista da qualidade nos serviços. Porém, mesmo isso parecendo óbvio, alguns hospitais têm pressa em implementar ações para acreditação, sem um diagnóstico preciso da realidade atual e do caminho para as mudanças necessárias. Alguns manuais de qualidade se limitam a estabelecer métricas, medidas, parâmetros de qualidade – "apontam os problemas, mas não fornecem elementos para melhoria, não apontam uma metodologia gerencial para alcançar as soluções" (Gurgel Júnior; Vieira, 2002, p. 332), sendo esse o grande motivo de fracassos na acreditação hospitalar.

A organização como um todo precisa verdadeiramente se estruturar em torno da qualidade de processos e serviço, com excelência no atendimentos e humanização em todos os setores. Isso vai muito além de um esforço gerencial para aplicar medidas pré-formatadas, maquiar processos e implementar melhorias temporárias visando à habilitação em um edital, à obtenção de um selo de acreditação ou ao financiamento externo por um tempo, como infelizmente é visto comumente.

Os programas de qualidade têm sua matriz na teoria sistêmica clássica que apresenta limitações em face da compreensão do jogo de forças da arena organizacional e dos conflitos de interesse típicos destas organizações. Para desenvolver programas de qualidade e processos de mudança sustentáveis com possibilidades de êxito no setor de saúde, a teoria sistêmica é insuficiente, pela complexidade do setor e os inúmeros trade-off *a considerar, sobretudo quanto à satisfação do cliente em conflito direto com a racionalidade técnica do processo de trabalho em saúde.* (Gurgel Júnior; Vieira, 2002, p. 332)

A gestão estratégica da qualidade, em uma abordagem contemporânea, constrói uma visão relativa às organizações que vislumbra um conjunto de fatores complexos, indicando as dificuldades para enquadrar as análises da instituição em um desenho simplificado prescritivo. Por esse motivo, é necessário compreender profundamente a organização por meio de uma perspectiva histórica e diagnóstica. Assim, indica-se a utilização de uma "abordagem da realidade organizacional que fundamente a ação gerencial a partir de um conjunto amplo de teorias não circunscritas [apenas] ao ambiente intraorganizacional" (Gurgel Júnior; Vieira, 2002, p. 332). Nesse sentido, a evolução das práticas para desenvolver programas de qualidade no setor saúde precisa, de forma cuidadosa e planejada, enfatizar questões gerenciais de maneira integrada aos processos assistenciais, sempre na perspectiva da cidadania e do direito a saúde como um bem público.

2.3 Auditoria interna e externa: observar, avaliar, validar e projetar a qualidade almejada

De forma direta, você sabe dizer qual é a relação entre *qualidade, auditoria* e *acreditação*? Parece complicado, mas é uma questão simples de ser respondida, apesar de sua complexidade. O processo de auditoria é um componente indispensável da gestão da qualidade com vistas à acreditação e ganhou relevância no contexto de mudanças mundiais das últimas décadas. Em um contexto de globalização, os sistemas de saúde enfrentam problemas decorrentes do aumento de gastos provocado pela inclusão de tecnologia na assistência, em um ambiente de crise financeira, associado ao crescimento de demanda da população por serviços de saúde de qualidade. Além desse cenário, deve ser considerada ainda a complexidade do setor da saúde, caracterizado pela interação de variados profissionais em múltiplas atividades com baixo grau de previsibilidade, sobretudo em hospitais. A administração de serviços de saúde, públicos ou privados, demanda planejamento, monitoramento constante e avaliação, além de gestão de informações para tomada de decisões, minimizando erros, controlando custos e mantendo padrões de qualidade.

No Brasil, o sistema de saúde vem passando por transformações iniciadas principalmente na segunda metade da década de 1970 e ao longo da década de 1980, com o Movimento da Reforma Sanitária Brasileira, culminando com a criação do Sistema Único de Saúde (SUS), pela

Constituição Federal. Esta, em seu art. 196, determina que "A saúde é direito de todos e dever do Estado, garantido mediante políticas sociais e econômicas que visem à redução do risco de doença e de outros agravos e ao acesso universal e igualitário às ações e serviços para sua promoção, proteção e recuperação" (Brasil, 1988) Entretanto no art. 197, prevê a presença da livre iniciativa na assistência à saúde, cujas ações e serviços, por serem de relevância pública, estão sujeitas a regulação, fiscalização e controle pelo Estado. (Brasil, 1988) (Santos; Barcellos, 2009, p. 1-2)

Como consequência desse contexto da saúde brasileira, foi organizado um sistema particular paralelo ao público, complementando e ampliando suas funções, formado por redes de hospitais, laboratórios e profissionais que executam serviços para operadoras de planos de saúde, compondo o denominado *sistema de saúde suplementar*. Na gestão desses sistemas paralelos, a auditoria, em suas diversas modalidades, é indispensável como instrumento para aferir se os processos estão sendo executados conforme o planejado. Processos de auditoria são largamente realizados e estimulados em documentos legais, bem como existem inúmeras citações sobre auditoria na constituição, em decretos federais, códigos de ética de profissionais da saúde e manuais de instituições.

As ações de auditoria devem acontecer em instituições de saúde, sejam públicas, sejam privadas, sobretudo naquelas conveniadas ao SUS. As práticas e as estratégias de auditoria precisam ser aplicadas de modo contínuo nas estruturas administrativas e operacionais, para que se dimensione a eficiência dos procedimentos de saúde realizados, de modo que os resultados sejam mensurados, validados e corrigidos com vistas ao aprimoramento e atendimento com excelência crescente. Dentro das estruturas organizacionais de ações operacionais e controle

Gestão da qualidade em hospitais

técnico e financeiro, os "auditores executam, em seus planos, a avaliação do desempenho na rede de serviço como forma de buscar um bom marketing ao usuário e a sociedade com relação à natureza do serviço prestado" (Costa et al., 2004, p. 498).

Atividades de auditoria normalmente praticadas na área operacional são: "acompanhamento das unidades de saúde, verificação de denúncias de irregularidades, vistorias nos projetos de credenciamentos de novos serviços, internamentos hospitalares, exames especializados, entre outros." (Costa et al., 2004, p. 498). A partir da Lei n. 9.659, de 3 de junho de 1998 (Brasil, 1998b), que instituiu a corresponsabilidade das operadoras de planos de saúde com relação à qualidade dos serviços, criou-se uma crescente necessidade de auditar as instituições de saúde de forma mais sistemática, visando garantir a qualidade dos processos funcionais, da estrutura física e do atendimento aos pacientes.

Em instituições de saúde, a auditoria pode ocorrer em diversos departamentos e por meio de vários profissionais, com destaque para a auditoria médica, que envolve uma série de ações técnicas, administrativas e de observação, com o intuito de obter registros sobre qualidade para assegurar a assertividade e a otimização do desempenho dos serviços, mediante as normativas atuais a auditoria em saúde pode acontecer em hospitais, clínicas, ambulatórios, laboratórios, planos e seguros de saúde (Medeiros; Andrade, 2010).

Vinculada à auditoria médica, a auditoria de enfermagem irá avaliar a qualidade da assistência prestada pela equipe de enfermagem, verificando os procedimentos realizados desde a primeira triagem, todo o período de internação, até o momento da alta do paciente. A aferição de todo esse processo é feita por meio da análise da documentação registrada nos prontuários, nos procedimentos e exames, bem como em visitas de avaliação do serviço de saúde. Há ainda a auditoria de gestão, que serve à função organizacional de planejamento, revisão, avaliação e emissão de laudos referentes ao ciclo administrativo (projeção, execução, adequações, controle), continuamente e em todos os ambientes e processos da instituição.

Em um contexto de pós-modernidade e globalização, as instituições sociais mudam constantemente, sobretudo organizações de saúde que possuem a mudança em seu DNA desde sempre. A partir das décadas de 1980 e 1990, com ritmo mais acelerado, a auditoria em saúde também passou a acompanhar as mudanças ao longo das últimas décadas. Nos anos 1960 e 1970, o foco era medir desempenho, e a auditoria em saúde passou a focar na avaliação da qualidade dos processos, dos ambientes, dos profissionais e dos resultados. Na atualidade, a auditoria se apresenta como uma ferramenta importante de apoio à gestão, contribuindo decisivamente para o aperfeiçoamento e a educação contínua dos profissionais, possibilitando a busca segura da excelência nas dimensões técnica, administrativa, legal e ética.

A auditoria é uma ferramenta muito prática que auxilia na eliminação de desperdícios, na simplificação de tarefas e disseminação de informações confiáveis no desenvolvimento organizacional, que são fundamentais para o apoio à decisão. Por outro lado, as ações de auditoria também pretendem construir e consolidar a organização, prevenindo erros e fraudes de custos, situações que podem gerar danos irremediáveis. Medeiros e Andrade (2010) pontuam um aspecto importante ao destacarem que a auditoria de fato se torna eficiente e eficaz quando passa a compor um sistema educacional e de construção contínua de competências, um sistema voltado para qualidade, segurança e humanização do atendimento, promovendo a gestão adequada de insumos e equipamentos, evitando problemas na seleção e capacitação de pessoal, prevenindo falhas na projeção ensino-aprendizagem, e assim proporcionando a motivação e participação de todos os colaboradores do hospital. É importante que os processos de auditoria venham acompanhados de uma instância formal de mediação de conflitos, que podem ocorrer entre profissionais, pacientes, famílias e instituição. Além disso, a auditoria deve ser entendida como um instrumento preventivo aos erros e que pode indicar caminhos para a reparação de problemas e a elevação da qualidade, sem uma natureza punitiva.

> *A auditoria em serviços de saúde deve ter como seus objetivos: manter o equilíbrio do sistema, possibilitando o direito à saúde para todos; garantir a qualidade dos serviços de saúde oferecidos e prestados; fazer cumprir os preceitos legais estabelecidos pela legislação nacional, de acordo com os princípios éticos e a defesa do consumidor; atuar desenvolvendo seu papel nas fases de pré-auditoria, auditoria operativa, analítica e mista; revisar, avaliar e apresentar subsídios visando ao aperfeiçoamento de procedimentos administrativos, controles internos, normas, regulamentos e relações contratuais; promover o andamento justo, adequado e harmonioso dos serviços de saúde; avaliar o desempenho dos profissionais de saúde com relação aos aspectos éticos, técnicos e administrativos, com qualidade, eficiência e eficácia das ações de proteção e atenção à saúde; promover o processo educativo, objetivando a melhoria da qualidade do atendimento, a um custo compatível com os recursos financeiros disponíveis e pelo justo valor do serviço prestado; participar de credenciamento/contratação de serviços e profissionais; fazer respeitar o estabelecido em contrato entre as partes envolvidas – usuário, plano de saúde e prestadores de serviço. (Santos; Barcellos, 2009, p. 5)*

A auditoria consolidou-se como uma ferramenta essencial para mensurar a qualidade (auditoria de cuidados/assistência) e as finanças (auditoria de custos) de organizações hospitalares. Nesse sentido, o processo pode ser conceituado como uma "avaliação sistemática e formal de uma atividade realizada por pessoas não envolvidas diretamente em sua execução" (Rodrigues; Perroca; Jericó, 2004, p. 210), buscando fiscalizar, controlar, avaliar, regular e otimizar a utilização dos recursos, físicos e humanos, com a finalidade primordial de definir se a organização opera conforme os padrões de qualidade e objetivos propostos em manuais de acreditação.

A despeito da elevada relevância que a auditoria em saúde apresenta na gestão da qualidade contemporânea, suas origens são muito anteriores. Desse modo, na seção a seguir abordaremos os principais fatos relacionados à trajetória histórica da auditoria em saúde.

2.3.1 Trajetória histórica da auditoria e da auditoria em saúde

O'Reilly et al. (1990) apontam que a auditoria é tão antiga quanto a civilização e teve origem na área contábil, recebendo a denominação de *auditoria* a partir do século XII. Existem registros de práticas rudimentares de auditoria desde 4000 a.C., na Babilônia, em que se realizavam anotações e conferências detalhadas de impostos arrecadados. Na Roma Antiga, por volta de 200 a.C., os balanços governamentais apresentavam-se por meio de documentos que registravam lucros e perdas e passavam por fiscalizações constantes pelos magistrados delegados (denominados *fiscais*), responsáveis pela supervisão das finanças, conduzindo atividades similares à auditoria. Era comum os imperadores romanos direcionarem e capacitarem esses fiscais para supervisionarem a contabilidade das inúmeras províncias (Duarte, 2010).

No último quarto do século XIII, a auditoria ocorria em tarefas executadas por assembleias de profissionais na Europa (por exemplo: Tribunal de Contas em Paris, Conselhos Londrinos, Collegio dei Raxonati e Academia dei Ragioneiri, na Itália). Em 1314, na Inglaterra, foi inventado o cargo de auditor pela Rainha Elizabeth I, que denominou de *auditor do tesouro* o profissional responsável por implementar um sistema de controle e verificação dos gastos do governo. No século XV, as expedições marítimas financiadas por reis e empresários ingleses, portugueses, espanhóis, holandeses e franceses demandaram a realização de prestações de contas de ganhos e gastos das expedições empreendidas nas Américas, na Ásia e nas Índias (O'Reilly et al., 1990).

Seguindo uma metodologia mais profissional, a auditoria foi elevada a um nível mais moderno durante a Revolução Industrial, por meio da legislação britânica em 1956. Foi o início da auditoria nos moldes mais próximos aos atuais. Após a experiência britânica, a auditoria foi difundida para outros países – Estados Unidos e Canadá, de maneira particular, passaram a desenvolver modelos de auditoria como suporte ao desenvolvimento econômico, e assim desenvolveram significativamente técnicas promissoras de auditoria em diversas áreas do saber.

No começo do século XX, surgiram as grandes corporações norte-americanas, como a Ford, que promovem a ampliação do mercado de capitais. Logo na sequência, como consequência da crise de 1929, houve a criação do Comitê May, estabelecido com o objetivo de elaborar normas de auditoria para as empresas que tinham ações negociadas em bolsas de valores (Oliveira, 2006).

Em 1934 é criada a Security and Exchang Commission (SEC), nos Estados Unidos, que aumentou a importância da profissão do auditor como guardião da equidade e transparência das informações contábeis das organizações e sua divulgação para o mercado de capitais e toda a sociedade. O American Institute of Certific Accountants (AICPA) era o órgão responsável para estabelecer normas contábeis e de auditoria. (Oliveira, 2001, p. 62)

Já no contexto brasileiro, a evolução da profissão de auditor ocorreu por intermédio da presença crescente de subsidiárias e filiais de multinacionais, principalmente europeias e norte--americanas, que enviaram auditores para verificar a confiabilidade de relatórios emitidos e resultados apresentados.

Por intermédio da Lei n. 4.728, de 14 de julho de 1965 (Brasil, 1965), o governo brasileiro passou a ver a auditoria governamental no Brasil como obrigatória diante da necessidade de assegurar a confiabilidade para investimentos, assim como as subsidiárias estrangeiras, exigindo de empresas nacionais procedimentos periódicos de auditoria, inaugurando novas posturas gerenciais (Brasil, 1965). O Instituto Brasileiro de Contadores (Ibracon), criado em 1971, passou a editar manuais e práticas de auditoria que foram adotados em várias organizações. Em 1972, o Conselho Federal de Contabilidade (CFC) elaborou a Resolução n. 321/1972 (CFC, 1972), que introduziu princípios para o cumprimento da profissão de auditor, deliberando normativas para o auditor, para o desempenho de seus trabalhos e para a edição de parecer de auditoria. Questões éticas, como a independência e a confidencialidade das funções de trabalho e assuntos relativos aos clientes nos processos de auditoria também estavam presentes nessa resolução (Oliveira, 2001).

> Em 1976, com a Lei n. 6404, Das Sociedades por Ações, houve a normatização das práticas e dos relatórios de auditoria, o que contribuiu enormemente com o disciplinamento do mercado dos processos. No mesmo ano foi criada a Comissão de Valores Mobiliários (CVM), pela Lei n. 6.386/76, com a responsabilidade de normatizar os trabalhos contábeis e de auditoria das empresas de capital aberto, além de exercer as funções de fiscalização, semelhante à SEC norte-americana. Em 1985, o Banco Central do Brasil emitiu a Resolução n. 1007 – Normas Gerais de Auditoria, com o auxílio do IBRACON e do CFC. (Fesp, 1999, p. 38)

Gestão da qualidade em hospitais · 143

Não existe um registro oficial do início da auditoria em saúde no Brasil, porém Mezomo (2001) expõe que, em 1952, com a criação a Lei Alípio Correia Neto, passou a ser obrigação de hospitais filantrópicos a documentação das histórias clínicas completas de todos os pacientes. A política de saúde brasileira, até a década de 1960, ficava por conta de benefícios de saúde criados na década de 1920 para atender os associados e dependentes conforme a categoria profissional do trabalhador. Em 1967, houve a unificação de institutos de saúde para atender a demanda, fato que levou a duas situações novas: 1) a necessidade da compra de serviços de terceiros; 2) a importância do atendimento à clientela, individualmente e de forma personalizada, assegurando o direito de escolha da prestadora de serviço.

A terceirização do atendimento levou o governo, na qualidade de órgão financiador, a adotar critérios de análise, controle e correção de erros, com a finalidade de manter a qualidade dos serviços e prevenir o desperdício e as cobranças indevidas, garantindo, desse modo, a satisfação dos pacientes e suas famílias. "Para garantir o funcionamento desse sistema e a integridade de seu funcionamento, tornou-se necessária a criação de um quadro de pessoal habilitado em auditoria médica, surgindo, assim, o corpo funcional de auditores da previdência social" (Pereira, 2010, p. 43).

Em julho de 1966 foi fundada a Associação Brasileira de Arquivo Médico e Estatístico. Já no início dos anos de 1970, surge a necessidade de um sistema de controle e avaliação da assistência médica, por parte do então Instituto Nacional de Previdência Social (INPS) e do Sistema Supletivo. Esta necessidade foi consequência das descobertas de fraudes e outros desvios graves, com a evasão de recursos financeiros, tanto no sistema público como no suplementar. Em 1970, alguns hospitais iniciaram sua própria prática de auditoria para avaliação dos aspectos técnicos, éticos e administrativos do desempenho da equipe de saúde. Em 1976, o Ministério da Previdência sistematizou a avaliação dos serviços médicos prestados por meio da auditagem médica e administrativa das contas a pagar. (Mezomo, 2001, p. 52)

No sistema supletivo, o caminho foi semelhante e, na década de 1980, consolidou-se o sistema de auditoria em saúde no Brasil. As contas hospitalares foram transformadas em Guia de Internação Hospitalar (GIH) e os procedimentos envolvidos na auditoria foram aplicados como controle formal e técnico. A Secretaria de Assistência Médica, criada em 1978, se originou da necessidade de aperfeiçoar a GIH, substituída em 1983 pela Autorização de Internação Hospitalar (AIH). Com essas providências, a partir do início dos anos 1980, a auditoria passou a ser feita nos hospitais e se reconheceu a função de médico-auditor, criando-se a Coordenação de Controle e Avaliação nas capitais estaduais e o Serviço de Medicina Social nos demais municípios (Brasil, 2017).

A Constituição Federal de 1988 (Brasil, 1988) impõe a necessidade de auditoria:

Art. 197. São de relevância pública as ações e serviços de saúde, cabendo ao Poder Público dispor, nos termos da lei, sobre sua regulamentação, fiscalização e controle, devendo sua execução ser feita diretamente ou através de terceiros e, também, por pessoa física ou jurídica de direito privado. (Brasil, 1988)

Com base nessa importante definição, em 1990 uma lei específica foi decretada para descrever e regulamentar as atribuições do SUS, conforme explicado por Rosa (2012, p. 13):

A Lei n. 8.080, promulgada em 1990 (Brasil, 1990), operacionaliza as disposições constitucionais. São atribuições do SUS em seus três níveis de governo, além de outras obrigações, "ordenar a formação de recursos humanos na área de saúde" (CF, art. 200, inciso III).

No entanto, um conjunto de fatores, como problemas ligados ao financiamento, ao clientelismo, à mudança do padrão epidemiológico e demográfico da população, aos crescentes custos do processo de atenção, ao corporativismo dos profissionais da saúde, entre muitos outros, se constituíam em obstáculos expressivos para avanços maiores [...].

A Lei n. 8.080, de 19 de setembro de 1990 (Brasil, 1990b), regulamentada pelo Decreto n. 7.508, de 28 de junho de 2011 (Brasil, 2011), indicou a criação do Serviço Nacional de Auditoria (SNA), apontando as instâncias de gestão do SUS para supervisionar, acompanhar e avaliar as ações e os serviços de saúde. A União ficou responsável por estabelecer esse órgão e conduzir a avaliação técnica do SUS em todo o país, estabelecendo cooperação com estados e municípios. Como dispunha exclusivamente da área da saúde, o SNA constituiu um sistema atípico e diferenciado, complementando os sistemas de auditoria interno e externo. Conforme o Decreto n. 1.651, de 28 de setembro de 1995 (Brasil, 1995):

Art. 4º O SNA compreende os órgãos que forem instituídos em cada nível de governo, sob a supervisão da respectiva direção do SUS.

[...]

§ 3º A estrutura e o funcionamento do SNA, no plano federal, são indicativos da organização a ser observada por Estados, Distrito Federal e Municípios para a consecução dos mesmos objetivos no âmbito de suas respectivas atuações.

O Ministério da Saúde agiu no sentido de regulamentar a execução de normativas e diretrizes quanto ao SUS, elaborando o Manual de Normas de Auditoria, com segunda edição em 1998. Em 1999, as atividades do SNA sofreram reestruturação, momento em que as atribuições de controle e avaliação passaram a ser responsabilidade da Secretaria de Assistência à Saúde (SAS), e aquelas pertinentes à auditoria foram designadas para o Departamento Nacional de Auditoria do SUS, chamado *Denasus* (Melo; Vaitsman, 2008).

A Agência Nacional de Saúde Suplementar (ANSS), que tem a função de gerenciar a atuação e os serviços de saúde de operadoras e de outros órgãos, foi formalizada pela Lei n. 9.961, de 28 de janeiro de 2000 (Brasil, 2000), sendo responsável por ações regulatórias para manutenção da qualidade da assistência. O SNA passou a ter a função fundamental de avaliação científica, técnica, financeira e patrimonial do SUS. Já o Denasus realiza auditoria do SUS, acompanhando suas atribuições e registrando resultados e necessidades de intervenção (Santos; Barcellos, 2009).

No campo de saúde suplementar, os hospitais convivem em um mercado que, por conta das transformações mundiais e incorporações tecnológicas, os força a maximizar receitas e minimizar custos. Em consequência do sucateamento da rede pública de saúde, a esfera privada de expandiu, incentivada pelos planos de saúde, desencadeando um cenário em que o controle e a regulação de processos tornou-se fundamental, solidificando a figura do médico-auditor nos anos 1990. Em 1998, o Conselho Nacional de Saúde Suplementar (Consu) estabeleceu o controle da demanda e da utilização dos serviços assistenciais, criando princípios orientadores do processo.

A auditoria na saúde suplementar visa fornecer suporte técnico para a preparação de pacotes, a emissão de pareceres técnicos, as diretrizes para taxas hospitalares e as visitas na rede credenciada, "promovendo correções e buscando aperfeiçoamento do atendimento médico-hospitalar ou ambulatorial da sua rede de prestadores de serviços" (Pereira, 2010, p. 53).

Finalmente, em 28 de junho de 2011 foi publicado o Decreto n. 7508/11 (BRASIL, 2011), que regulamenta a Lei n. 8.080, de 19 de setembro de 1990, para dispor sobre a organização do SUS, o planejamento da saúde, a assistência à saúde e a articulação interfederativa, além de outras providências. O Decreto 7508/11 define o papel do SNA e suas competências de controle interno, promovendo a revisão do Decreto 1651, de 1995 e fortalecendo seu papel. (Rosa, 2012, p. 27)

O Decreto n. 7.508/2011 formaliza e fornece diretrizes para a atuação do Sistema Nacional de Auditoria do SUS, estabelecendo caminhos para a estruturação do SUS, o planejamento, a assistência e as responsabilidades de estados e municípios. O documento dispõe também sobre parcerias que objetivem organizar e integrar ações e serviços de saúde em rede regionais, estabelecendo responsabilidades, metas e referenciais de desempenho em saúde. Além disso, trata sobre a criação e atualização do mapa da saúde, incluindo descrição geográfica da composição dos recursos humanos, ações e serviços de saúde tanto do SUS como da iniciativa privada. O referido decreto tece ainda considerações sobre protocolo clínico e diretriz terapêutica, indicando critérios para diagnóstico de doenças e agravo à saúde, mecanismos de controle clínico e comprovação de resultados, fornecendo assim um conjunto de regulamentos que devem ser base das ações em saúde.

Perante todo esse contexto histórico, surgiu a necessidade crescente de um sistema de informação para que o Estado exercesse sua função regulatória de forma mais eficiente. Assim, era preciso formatar estratégias para encarar o desafio das mudanças a serem realizadas, entre elas, o gerenciamento eficaz do setor da saúde no Brasil. A criação de um novo espaço para a gestão de maneira empenhada com o aumento da eficiência do sistema e com a equidade se torna cada vez mais urgente.

Esse espaço de gestão deve ter como premissa o domínio de um conjunto vasto de conhecimentos e habilidades nos campos da saúde e da administração, a fim de manter e melhorar a qualidade. Desse modo, é preciso considerar ainda que as organizações de saúde, públicas ou privadas, devem se adaptar a um mercado cada vez mais competitivo e às necessidades de uma nação em constante transformação. As organizações de saúde por meio de seus profissionais devem desenvolver uma dinâmica de aprendizagem e inovação, impulsionadas pela capacidade de se adaptarem às mudanças do mundo atual, agindo sempre no sentido de formar as competências de um novo perfil profissional, ajustado à realidade e proativo com relação ao futuro (Caleman; Sanches; Moreira, 1998).

Diante desse contexto, a função do auditor tem um papel relevante como agente "agente de promoção da qualidade da assistência por meio de padrões previamente definidos, atuando em programas de educação permanente, bem como em ações de diagnóstico de desempenho de processos, incluindo as atividades de cuidado direto ao paciente e aquelas de natureza administrativa" (Rosa, 2012, p. 13).

Por meio do detalhamento da evolução histórica da auditoria em saúde no Brasil, verificamos que houve um avanço inegável. Entretanto, ainda há muito há ser feito para alcançar o nível de excelência de países mais desenvolvidos, sobretudo no que diz respeito à oferta de atendimento de qualidade com equidade em todas as regiões do país e a um maior controle de qualidade nos processos; sempre compreendendo a educação permanente como prática fundamental para o aprimoramento dos serviços de saúde.

2.3.2 Relações entre auditoria interna e externa

Como definir e aproximar as concepções de *auditoria interna* e *externa* em saúde? Em que medida esses processos se aproximam e se distinguem? As auditorias externa e interna são duas modalidades que podem ser encontradas em instituições de saúde; ambas contribuem para a melhoria da confiabilidade da informação, conduzindo processos e objetivos diferentes, porém complementares. A auditoria interna é definida pelo The Institute of Internal Auditors como uma "atividade independente, de avaliação objetiva e consultoria, que tem como objetivo acrescentar valor e melhorar as operações de uma organização. Desta forma, ajuda a organização na prossecução dos seus objetivos" (Teixeira; Inácio; Sousa, 2017, p. 2). Essa abrangência da auditoria pode ser atingida por meio de uma abordagem sistemática considerando três dimensões: 1) controle; 2) gestão de riscos; 3) governança corporativa.

O desempenho independente e assertivo das atividades do auditor interno em relação aos serviços da organização está atrelado diretamente com a comissão de auditoria e não com a direção, já que a auditoria interna tem como propósito auxiliar os colaboradores na realização de funções e tarefas rotineiras mediante verificação, análise, avaliação e *feedback*. A auditoria interna contribui para a elevação significativa da qualidade e confiabilidade da instituição e das informações sobre seu funcionamento, estabelecendo ainda estratégias e linhas de ação para a tomada de decisão de maneira mais segura e fundamentada.

As duas modalidades de auditoria empregam técnicas e metodologias comuns com objetivos similares: verificar, identificar, analisar e avaliar as atividades desenvolvidas sob o enfoque técnico, financeiro, ético e administrativo a fim de demonstrar as conformidades e a inadequações com vistas à mudança organizacional e ao aprimoramento dos serviços na área da saúde. Sendo duas modalidades de um processo mais amplo, as auditorias interna e externa apresentam pontos em comum no seu trabalho e colaboram entre si.

As normas ISA (International Standards on Auditing) são normativas internacionais que regulamentam e conduzem o trabalho de auditoria e são referência para diversas organizações. "A ISA 315 no seu §A101 admite que o auditor externo possa utilizar o trabalho desenvolvido pelo auditor interno para reduzir a extensão do seu trabalho, sendo neste caso necessário aplicar a ISA 610" (Teixeira; Inácio; Sousa, 2017, p. 3-4), ou seja, o trabalho deve estar embasado em protocolos de ação que incluem a avaliação do trabalho do auditor interno para então complementá-lo.

A importância atribuída à comissão de auditoria interna cresceu expressivamente na última década, juntamente com a evolução da estrutura para o trabalho e a capacitação técnico-profissionais. Isso leva ao aumento de confiança no trabalho dos auditores internos na visão de auditores externos (Teixeira; Inácio; Sousa, 2017). A fim de viabilizar a integração de auditores internos e externos, é preciso assegurar uma base de trabalho aos auditores que minimize erros e retrabalho, de forma cooperativa e com atribuição de responsabilidades mais flexível. Moore e Hodgson (1993, p. 16, tradução nossa) expõem que o aprofundamento da conexão entre auditoria externa e interna contribui para "a eficiência de ambas, sem sacrificar a qualidade ou independência". Diversos estudiosos da área consideram esses dois tipos de auditoria complementares, desse modo, com base em Renard (2002), podemos definir auditoria interna e externa do seguinte modo:

- **Auditoria interna**: registro, análise e avaliação sistemática de informações, práticas e rotinas organizacionais, de modo a aferir a regularidade, a confiabilidade e a correção dos resultados obtidos nos serviços de saúde. Realizada por comissão interna de auditoria, funciona como o braço organizacional da auditoria de qualidade, buscando aprimorar os processos por meios de seus resultados, funcionando como complemento da auditoria externa que é executada por instituições acreditadoras ou consultorias contratadas.

- **Auditoria externa**: complementa e amplia os resultados obtidos pela auditoria interna. Partindo do pressuposto de que a equipe de auditoria interna efetuou seu trabalho, a auditoria externa irá executar a verificação e a validação dos resultados e complementar o processo seguindo métricas de área e diretrizes legais, com vistas ou não à acreditação. O auditor interno se beneficia do trabalho realizado pelo externo, e vice-versa. A auditoria externa resulta em um relatório com recomendações para gestão da qualidade, destacando pontos fortes e fracos.

A prática da auditoria interna ancora-se em demandas econômicas e financeiras. Se vivemos em uma sociedade em que a economia está sempre sofrendo mudanças, cuidar dos negócios é uma questão de responsabilidade de qualquer organização. Segundo Santos (2008, p. 7), trata-se de uma "atividade criada dentro da empresa para analisar e avaliar suas atividades, como uma função sistemática dentro de mesma organização, independentemente dos resultados serem positivos ou negativos, pois o compromisso é com a execução das fases do processo e sua documentação".

Há cerca de 50 anos, a auditoria interna vem sendo amplamente adotada nos Estados Unidos por empresas dos mais variados segmentos econômicos, considerada um instrumento estratégico de gestão e de garantia de qualidade. Na Europa, a auditoria interna tem seus primeiros registros na Inglaterra e na Alemanha. Empresas portuguesas também aderiram à auditoria interna, visando otimizar resultados por meio de documentação e gerenciamento de processos. Na realidade brasileira, a auditoria interna evoluiu mais lentamente, com um reconhecimento mais divulgado nos últimos 15 anos, quando a especialização de profissionais, legislações e outras mudanças aprimoraram os processos de auditoria (Franco; Reis, 2004).

O objetivo da auditoria interna está em constituir um "conjunto de procedimentos técnicos que tem por objetivo examinar a integridade, adequação e eficácia dos controles internos e das informações físicas, contábeis, financeiras e operacionais da Entidade" (Franco; Reis, 2004). Já Santos (2008, p. 10), ao abordar as finalidades da auditoria interna, indica alguns aspectos essenciais:

◆ *Examinar a integridade e fidedignidade das informações financeiras e operacionais e os meios utilizados para aferir, localizar, classificar e comunicar essas informações;*

◆ *Examinar os sistemas estabelecidos, para certificar a observância às políticas, planos, leis e regulamentos que tenham, ou possam ter, impacto sobre operações e relatórios, e determinar se a organização está em conformidade com as diretrizes;*

◆ *Examinar os meios usados para a proteção dos ativos e, se necessário, comprovar sua existência real;*

◆ *Verificar se os recursos são empregados de maneira eficiente e econômica;*

◆ *Examinar operações e programas e verificar se os resultados são compatíveis com os planos e se essas operações e programas são executados de acordo com o que foi planejado;*

- *Comunicar o resultado do trabalho de auditoria e certificar que foram tomadas as providências necessárias a respeito de suas descobertas.*

Loverdos (2003, p. 42) destaca que o Instituto de Auditoria Interna do Brasil (Audibra) explicita que a função da auditoria interna está na "avaliação independente, criada dentro da organização para examinar e avaliar suas atividades, como um serviço a essa mesma organização". Para isso faz-se necessário que as organizações de saúde disponham de uma equipe de auditoria interna para que possam processar com exatidão e confiabilidade os processos funcionais e assim definir estratégias seguras e assertivas em longo prazo.

Com a fundação do The Institute of Internal Auditors, em Nova York, a auditoria interna passou a ser vista de maneira diferente, composta de um corpo de funcionários de linha vinculados à contabilidade com o objetivo de avaliar a efetividade da aplicação dos controles internos. Sua atuação foi ampliada para todas as áreas das empresas ao qual passou a ter subordinação direta à alta administração das organizações. (Riolino; Kliukas, 2003, p. 36)

De forma global, o trabalho executado pela auditoria interna é idêntico àquele executado pela auditoria externa. Ambas realizam seus trabalhos utilizando-se das mesmas técnicas de auditoria e têm sua atenção voltada para o controle interno como ponto de partida de seu exame. Além disso, tanto a auditoria interna quanto a auditoria externa formulam sugestões de melhorias para as deficiências encontradas e modificam a extensão de seu trabalho de acordo com as suas observações e a eficiência dos sistemas contábeis e de controles internos existentes.

Para que as atividades de auditoria interna tenham credibilidade no mercado, as instituições precisam ter uma política de atuação bem definida para que os auditores disponham de métricas e linhas de atuação dentro dos processos organizacionais, de modo que os departamentos envolvidos saibam como ajudar sem se sentirem invadidos ou fiscalizados.

Um hospital passa a ser fortalecido a partir da consolidação de um departamento de auditoria interna formado por profissionais com sólido conhecimento técnico e também da história organizacional, que sejam seriamente treinados para execução de processos de auditoria e gestão da qualidade. Nesse sentido, é fundamental que a política de auditoria adotada seja definida colegiadamente com a orientação de consultores de área e visando aos níveis de acreditação almejados pela organização. "O limite que um auditor interno tem dentro da instituição hospitalar é quase imperceptível devido à sua competência e potencialidade que vem expandindo a cada dia, por meio de estudo minucioso e trabalho constante" (Santos, 2008, p. 17).

Dada sua relevância estratégica, é desejável que a equipe de auditoria interna haja conjuntamente com gestores e grupos multiprofissionais, refinando as relações entre eles e permitindo que se reconheça seu profissionalismo demonstrado pela qualidade do processo implementado. Cabe ressaltar o delineamento das atribuições do auditor interno, pois este deve seguir algumas regras e políticas da empresa. Como elenca Kurcgant (2005, p. 219), a auditoria interna:

+ *É realizada por elementos da própria instituição;*
+ *Tem como vantagem maior profundidade no trabalho, tanto pelo conhecimento da estrutura administrativa, como das inovações e expectativas dos serviços;*
+ *A sua vinculação funcional permite sugerir soluções apropriadas;*
+ *Pode haver também envolvimento afetivo do auditor com os elementos realizadores do trabalho e isso precisa ser considerado.*

A fim de aprofundar as diferenças e semelhanças entre a auditoria interna e externa, elaboramos um quadro com categorias que explicitam as relações e as especificidades de cada uma delas.

Quadro 2.4 – Especificidades das auditorias interna e externa

Categorias	Auditor interno	Auditor externo
Vínculo	Colaborador da organização auditada.	Sem vínculo empregatício com a empresa auditada.
Independência	Menor independência. Independência com relação às pessoas cujo trabalho é examinado, porém há subordinação aos intentos da direção organizacional.	Maior independência. Independência com relação à direção e os profissionais avaliados como condição ética importante.
Ênfase	Auditoria financeira e operacional.	Auditoria financeira e técnica.
Objetivo	O objetivo principal é atender as necessidades da administração: • verificação das normativas internas; • aferição de necessidades de aprimoramento de normas vigentes; • verificação da necessidade de novas diretrizes internas; • processamento de auditoria nas áreas de demonstração contábil, operacional e rotinas administrativas.	O objetivo principal é atender necessidades de terceiros no que diz respeito à finalidade das informações financeiras e à adequação técnica dos processos: • Emissão de parecer sobre demonstrações contábeis, conformidade técnica dos processos e aplicação de recursos. • Aferição dos princípios de elaboração de relatórios e registros.

(continua)

156 **Acreditação hospitalar**

(Quadro 2.4 – conclusão)

Categorias	Auditor interno	Auditor externo
Revisão de operações e controle interno	Auxilia o aperfeiçoamento e o cumprimento de políticas e normas, com foco em questões financeiras.	Foco na verificação da metodologia de registro e controle interno, além da fidedignidade dos relatórios emitidos.
Divisão do trabalho	Trabalho de auditoria distribuído pelas áreas operacionais e administrativa.	Trabalho de auditoria dividido conforme a categoria dos documentos e áreas a serem vistoriadas.
Foco do auditor	Preocupação com a identificação e a correção de erros e inadequações.	Atividade de verificar se processos de gestão da qualidade e documentação seguem diretrizes legais e de acreditação.
Periodicidade	Atuação contínua.	Atuação periódica, geralmente semestral, anual ou até bianual.
Volume de registros	Maior volume de testes e procedimentos de verificação, devido à presença contínua na organização.	Menor volume de intervenções, seguindo protocolos predefinidos e se embasando em verificações periódicas.

A auditoria interna se propõe a auxiliar os membros da diretoria, fornecendo dados tabulados, análises, avaliações, recomendações e assessoria. Dessa forma, para compreender a importância que os auditores têm, deve-se avaliar o crescimento da organização como consequência das contribuições da auditoria durante alguns anos. Isso porque a auditoria é a chave para identificar as áreas com problemas e sugerir planos de ação para correção, bem como para melhoria contínua dos pontos fortes.

Gestão da qualidade em hospitais

Dentre a equipe organizacional da empresa relacionada à administração estão os auditores internos, cabendo-lhes fornecer dados sobre a adequação e efetividade do sistema interno e também a qualidade do desempenho da organização. Mas, é preciso compreender que essas ações são complexas e relevantes quando se quer chegar a algum objetivo. Além disso, os auditores podem ir bem mais além da área de diretrizes. (Lara, 2010, p. 21)

A auditoria é um caminho promissor para que se garanta eficácia nas organizações hospitalares. Considerando a auditoria aliada à gestão da qualidade, abrem-se possibilidades de crescimento em efetividade e confiabilidade perante a sociedade e permite à instituição se habilitar para a obtenção de certificados de acreditação. Desse modo, não restam dúvidas de que os profissionais da auditoria precisam se adaptar à evolução de tecnologias, diretrizes e técnicas – nem que os profissionais da própria organização precisam se adaptar às demandas, infraestrutura, especialidades e profissionais. A partir dessa visão, os auditores externos direcionam seus esforços para cooperarem com auditores internos, de forma que as responsabilidades atuais da auditoria conduzem a uma real cooperação e uma maior profundidade no exercício profissional.

Embora seja de fácil percepção que o campo de atuação dos auditores internos e externos é dissemelhante, esse fato não deverá impossibilitar uma forte colaboração entre os mesmos uma vez que, apesar destas duas funções serem distintas, poderão identificar-se algumas relações complementares cuja aplicação de boas práticas poderá assegurar a toda a entidade a garantia de eficácia.

Nestes termos, consideramos que se deve elevar a eficiência de uma entidade organizacional através do incremento da participação da auditoria interna na auditoria externa, sem embargo que, [sic] existem limites na extensão sobre a qual os auditores externos devem utilizar o trabalho dos auditores internos. (Teixeira; Inácio; Sousa, 2013, p. 25)

Nesta seção, buscamos compreender a relação entre a auditoria externa e a auditoria interna, definir cada uma delas e estabelecer apontamentos significativos para o entendimento da importância da auditoria da gestão da qualidade e acreditação. Concluimos que o auditor externo contribui repassando experiência profissional e segurança ao auditor interno. Sob o ponto de vista do auditor externo, um bom auditor interno deve ser independente, estar bem preparado e ter experiência sólida na área em que irá realizar as atividades de auditoria.

Quando o auditor interno tem elevada competência técnica, gera confiança para a organização no momento da auditoria externa, deixando tudo organizado e facilitando o trabalho do auditor externo. De acordo com Teixeira, Inácio e Sousa (2013, p. 26), "a existência de pontos de colaboração entre os auditores é de extrema relevância sendo que, [sic] o auditor externo valoriza a existência de uma coordenação antecipada com o auditor interno no que diz respeito à documentação e extensão do trabalho". Com essa prática de integração em que os auditores externos se baseiam no trabalho dos auditores internos estabelece-se um relacionamento positivo, complementar e de interdependência.

Síntese

Conforme a discussão do capítulo, compreendemos que nos últimos 40 anos houve um rápido aumento de investimento em assistência à saúde, com o crescimento vertiginoso de centenas de instituições públicas e privadas que prestam serviços de saúde. Na gestão em saúde, a preocupação com a gestão da qualidade e o serviço auditoria faz-se primordial não somente para diminuir perdas financeiras, como comumente se encontra na literatura, mas sobretudo as perdas humanas e de eficácia dos processos, visando minimizar erros e retrabalho.

Mais do que um fim em si mesmo, a implementação de um sistema de gestão da qualidade e as auditorias internas e externas se assumem como ferramentas nucleares na melhoria da gestão hospitalar, abrindo caminho para a acreditação. As ações de gestão da qualidade alavancam de forma objetiva, mensurável e auditável a implementação de serviços mais eficientes e a melhoria contínua de seus processos, focando a satisfação de seus clientes.

A auditoria é mais recente no Brasil. Foi na década de 1960, quando a assistência médica brasileira passou por profundas alterações, que a auditoria passou a ser normatizada e assim progressivamente se tornou prática corrente nos hospitais e serviços de saúde em geral.

A auditoria, interna ou externa, é inseparável da necessária competência técnica e profissional dos que a executam. Requer ações zelosas, minuciosas e responsáveis, além da ética e do sigilo durante a execução e divulgação dos resultados do trabalho. Sua finalidade máxima está em melhorar os resultados institucionais por meio de uma revisão sistemática dos cuidados, serviços e processos realizados. Demanda análises específicas para os setores nos aspectos individual, de equipes ou de todo o serviço. Podem ser conduzidas auditorias utilizando recursos e caminho diferenciados, como auditorias baseadas em protocolos e diretrizes, na procura de ocorrências adversas ou incidentes ou auditoria de assuntos particulares.

Assim você pode concluir que não há processos isentos de serem avaliados com vistas à busca pela qualidade nos serviços e parceiros que compõem a instituição de saúde. Desse modo, a acreditação se fundamenta em princípios éticos claros e em ferramentas metodológicas de avaliação, auditoria e acompanhamento, conferindo credibilidade ao processo.

Questões para revisão

1. A FNQ foi criada há mais de 25 anos por um consórcio de organizações brasileiras públicas e privadas, objetivando gerir o Prêmio Nacional de Qualidade e conduzir ações para divulgar e promover o modelo de gestão dos critérios de excelência. A respeito dos critérios de excelência da FNQ, relacione as colunas e depois assinale a opção que apresenta a sequência correta:

    (1) Responsabilidade social

    (2) Inovação

    (3) Proatividade

    (4) Foco no cliente

    (5) Valorização de pessoas

    ( ) baseia sua ação no conhecimento dos sujeitos visando agregar valor e aumentar a competitividade.

    ( ) relacionamento ético e transparente com todos os interessados no processo.

    ( ) aplicação de novas ideias geradoras de diferencial competitivo.

    ( ) capacidade de antecipação a mudanças e necessidade dos clientes.

    ( ) o desempenho da organização depende da motivação e bem-estar dos sujeitos.

    a) 5, 1, 3, 2, 4.

    b) 3, 2, 4, 5, 1.

    c) 4, 1, 2, 3, 5.

    d) 1, 5, 2, 3, 4.

2. A partir da era da garantia da qualidade, ocorreu a evolução dos programas de qualidade para os formatos e princípios modernos de gestão da qualidade e acreditação hospitalar. Cabe assim detalhar seus quatro elementos: 1) quantificação dos custos da qualidade; 2) controle total da qualidade, 3) engenharia da confiabilidade; 4) programa de zero defeito. A esse respeito, analise as sentenças a seguir, atribuindo V para verdadeiro e F para falso:

( ) A quantificação dos custos da qualidade aborda a questão dos custos da não qualidade, conscientizando as instituições sobre as perdas e seus impactos no que se refere aos defeitos na produção, incluindo os custos extras do retrabalho.

( ) O programa de zero defeito se destina a avaliar a durabilidade e a funcionalidade de produtos e serviços ao longo do tempo.

( ) A engenharia de confiabilidade tem como alvo realizar o desenvolvimento de um produto ou serviço sem erros, evitando perdas e a necessidade de retrabalho.

( ) O controle total da qualidade considera que a qualidade de um produto ou serviço deve ser perseguida por todos os agentes organizacionais, desde a concepção e planejamento, passando pela produção e mobilização de recurso, até que o produto ou serviço seja efetivamente entregue.

Marque a alternativa que apresenta a sequência correta:

a) V, F, F, V.

b) F, V, V, V.

c) V, V, F, F.

d) F, F, V, F.

3. Hospitais públicos, privados ou filantrópicos inserem-se em um cenário complexo e único tendo um modo de operar considerado ineficiente sob a ótica capitalista em que vigora a lógica da acumulação lucrativa. Seja qual for a natureza administrativa, um hospital sempre estará subordinado a princípios éticos e legais que regem o setor de saúde, o repasse de recursos e as políticas públicas e suas diretrizes. Tais princípios inserem os hospitais em um espaço delicado com grande diversidade de interesses a contemplar, que nem sempre são convergentes, em que interagem grupos de interesse. Elabore um pequeno texto de 7 a 10 linhas refletindo sobre esse contexto de convivência de diversos grupos em organizações hospitalares.

4. A visão sobre a gestão da qualidade e sua relevância nos processos institucionais vêm mudando ao longo do tempo com a inclusão de novos elementos agregados com a evolução das organizações e da sociedade. Para obter sucesso nesse intento, é preciso tomar alguns cuidados e medidas para que o processo de gestão de qualidade seja eficiente e produza mudanças positivas. Alguns estudos mostram as razões pelas quais programas de qualidade não alcançam êxito. Entre essas razões, devem ser consideradas as dimensões antropofágica e a percepção hegemônica. Assinale a alternativa que as definem corretamente:

   a) Antropofagia é uma expressão que liberalmente significa uma pessoa engolir a outra, ou seja, não ocorre uma condução democrática da política de qualidade. Percepção hegemônica são os resultados do programa de qualidade percebidos pela visão da diretoria e não dos envolvidos diretamente no proccesso.

b) Antropofagia é a transposição de pacotes gerenciais criados em uma determinada realidade sociocultural para outra. Percepção hegemônica são programas de qualidade conduzidos sob a ótica do grupo dominante, onde os processos ocorrem segundo interesses prévios desse grupo.

c) Antropofagia é o mesmo que canibalismo, ocorre quando o líder de um setor monopoliza a gestão da qualidade. Percepção hegemônica ocorre quando os resultados do programa de qualidade assumem uma dimensão pessoal e as pessoas passam a se afetar com os resultados dos relatórios.

d) Antropofagia é a conduta de planejamento de critérios de qualidade que considera somente a realidade interna do hospital, esquecendo o cenário macro. Percepção hegemônica é a monopolia nas decisões estratégicas que influenciam na gestão da qualidade e na operacionalização de mudanças.

5. Em instituições de saúde, a auditoria pode ocorrer em diversos departamentos e por meio de vários profissionais, com destaque para a auditoria médica, que envolve uma série de ações técnicas, administrativas e de observação, visando obter registros sobre qualidade para garantir a assertividades e a otimização do desempenho dos serviços. Mediante as normativas atuais a auditoria em saúde pode acontecer em hospitais, clínicas, ambulatórios, laboratórios, planos e seguros de saúde. A respeito da auditoria hospitalar, construa uma reflexão, em cerca de 12 linhas, sobre a necessária relação entre a auditoria que deve realizada nas área de enfermagem, farmacêutica, laboratorial, médica e administrativa.

164   **Acreditação hospitalar**

Questão para reflexão

A dissertação de mestrado de Lilian Wolff, indicada a seguir, apresenta um panorama aprofundado do processo de acreditação de um hospital público. Na discussão, a qualidade é um imperativo estratégico para as instituições de saúde. A gestão da qualidade e os processos de Acreditação hospitalar são cada vez mais presentes na instituição e na prática profissional dos funcionários. O objetivo dessa dissertação foi "analisar o processo de Acreditação Hospitalar em um hospital de ensino com vistas à obtenção de certificação de hospital acreditado segundo a metodologia da ONA". Metodologicamente foi conduzido uma pesquisa de tipo descritivo-exploratório, com um estudo de caso, entrevistas e pesquisa documental. Como resultados relevantes ficou evidenciado a trajetória do hospital no caminho para Acreditação e as estratégias desenvolvidas para preparar as áreas e serviços para a avaliação da Instituição Acreditadora. Trata-se de um estudo que contribui significativamente para orientar outros hospitais na busca por acreditação hospitalar.

Com base na trajetória para obter acreditação do hospital apresentado no estudo de Rothbarth, construa uma linha do tempo com no mínimo 12 itens e pontue acontecimentos e mudanças que foram importantes nesse processo.

ROTHBARTH, S. **Gestão da qualidade**: um processo de acreditação hospitalar. 133 f. Dissertação (Mestrado em Enfermagem) – Universidade Federal do Paraná, Curitiba, 2011. Disponível: em: <http://www.ppgenf.ufpr.br/Disserta%C3%A7%C3%A3oSolange Rothbarth.pdf>. Acesso em: 29 mar. 2017.

Para saber mais

Indicamos a seguir alguns materiais de referência para que você possa expandir seu conhecimento a respeito dos conteúdos trabalhados neste capítulo.

INDS – Instituto Nacional de Desenvolvimento Social e Humano. **A saúde no Brasil**. Disponível em: <http://indsh.org.br/Musa/Index>. Acesso em: 28 mar. 2017.

O Museu da Saúde (Musa) foi criado em 2013 em São Paulo capital. A proposta inicial era criar um museu para registro de fatos, coleta de acervo, reunião de bens culturais e preservação da história da Saúde brasileira, o que começou a ser feito aos poucos há cerca de vinte anos. O Musa se consolidou com a publicação de um livro e sua construção seguiu um cronograma de implantação visando sua institucionalização, formação de diretoria, instalações administrativas, entre outras providências operacionais e de recursos. Esse museu é apoiado por parceiros públicos e privados, mas não está vinculado a pessoas, corporações ou marcas. Seu propósito é se perpetuar no tempo para manter viva a história da saúde no Brasil.

ONA – Organização Nacional de Acreditação. **Manual Brasileiro de Acreditação**: Organizações Prestadoras de Serviços de Saúde – Versão 2014. Disponível em: <https://www.ona.org.br/Produto/74/Manual-Brasileiro-de-Acreditacao-Organizacoes-Prestadoras-de-Servicos-de-Saude-Versao-2014>. Acesso em: 7 set. 2016.

O manual da ONA apresenta indicativos importantes relacionados a gestão da qualidade e excelência no atendimento ao paciente, contendo orientações específicas para as áreas:

hospitalar, hemoterápica, laboratorial, de nefrologia e terapia renal substitutiva, de diagnóstico por imagem, radioterapia e medicina nuclear, ambulatorial, de pronto atendimento, de assistência domiciliar.

BRASIL. Ministério da Saúde. Secretaria de Assistência a Saúde. **Manual brasileiro de acreditação hospitalar**. 3. ed. rev. e atual. Brasília, 2002. Disponível em: <http://bvsms.saude.gov.br/bvs/publicacoes/acreditacao_hospitalar.pdf>. Acesso em: 29 mar. 2019.

O Manual Brasileiro de Acreditação Hospitalar é leitura obrigatória para os que se preocupam com a qualidade dos processos na área da saúde. O manual compõe um conjunto de iniciativas para o aprimoramento da qualidade da assistência prestada por hospitais no Brasil. A última edição do Manual Brasileiro de Acreditação Hospitalar foi publicada quando se completou a definição da estrutura tomada pelo processo de acreditação no Brasil. O Ministério da Saúde e a ONA realizaram um convênio para regular suas relações, delimitando direitos e obrigações, e tornaram-se parceiros no processo de acreditação, da habilitação de instituições acreditadoras até a certificação dos hospitais.

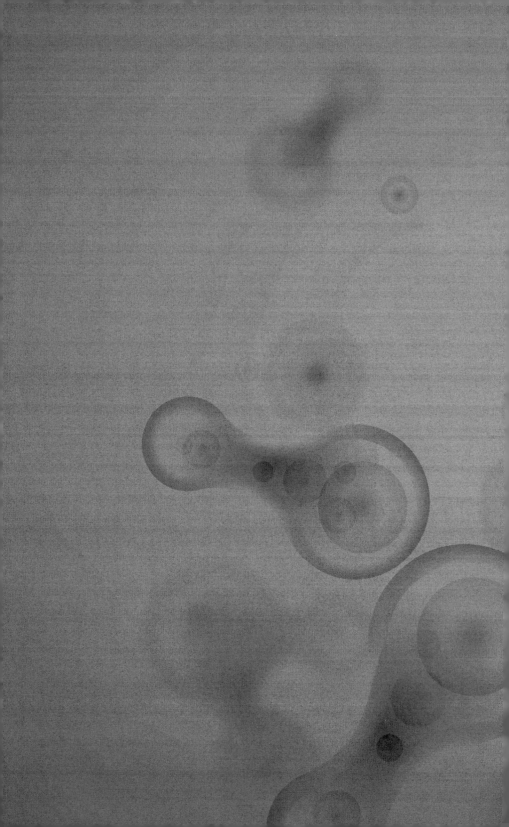

Capítulo 3

Educação permanente e capacitação dos segmentos profissionais na gestão da qualidade

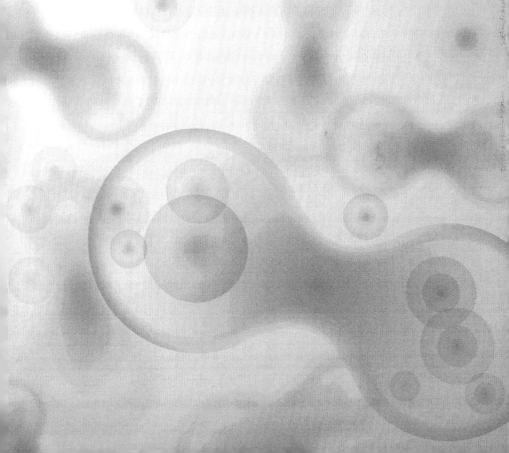

Conteúdos do capítulo:

- Educação permanente.
- Capacitação dos segmentos hospitalares.
- Principais certificações da área hospitalar.

Após o estudo deste capítulo, você será capaz de:

1. compreender a importância da educação permanente para os diversos segmentos profissionais na gestão da qualidade com vistas à acreditação;
2. contextualizar as especificidades dos segmentos hospitalares – equipe gestora e administração, equipe médica, enfermagem, análises clínicas, farmácia e radiologia, nutrição, segurança, manutenção, central de materiais e esterilização na qualidade e na acreditação;
3. identificar as principais certificações importantes na área hospitalar;
4. entender a educação permanente como base para o sucesso da acreditação hospitalar, aprofundando saberes sobre conhecimento organizacional, aprendizagem organizacional, pesquisa e desenvolvimento.

3.1 Gestão da qualidade dos segmentos hospitalares: capacitar para a acreditação

A acreditação hospitalar envolve mecanismos e processos periódicos que avaliam a qualidade dos serviços prestados. Quando uma instituição hospitalar se propõe a implementar a gestão da qualidade de maneira aprofundada e comprometida, inaugura-se um processo associado à mudança organizacional. A mudança é uma prática intrínseca à implantação das adequações necessárias para que um hospital receba a certificação como organização acreditada.

Buscando identificar aspectos que estabelecem comportamentos de aceitação ou de resistência dos profissionais da saúde no processo de mudança organizacional, identificamos que a resistência à mudança é muito mais recorrente do que a aceitação. A resistência à mudança acontece como uma reação natural do ser humano para proteger sua rotina, sua zona de conforto e seu aporte de conhecimentos familiares, como se a mudança fosse uma ameaça ao modelo de gestão e técnico vigentes que mexe com o poder sedimentado nas relações humanas. Os gestores devem identificar a origem das resistências e lidar com elas de maneira diretiva e colegiada, para que os profissionais fiquem conscientizados e se estabeleça uma conduta adequada para adesão corporativa à mudança (Bomfin; Trivellato; Hastenreiter, 2013).

As organizações modernas são complexas, e o processo de inovação, sistêmico e globalista. Qualquer mudança afeta o todo; sua condução eficaz requer atenção à totalidade e à interdependência, como coordenação e controle do processo de intervenção. [...] só o começo e a visão imaginária podem ser conhecidos; o final será sempre afetado por forças complexas e emergentes. Nesse sentido, a opção sobre métodos e velocidade da inovação torna-se crucial para garantir seu êxito. (Motta, 2003, p. 140)

A gestão estratégica da qualidade na área da saúde se embasa em uma abordagem organizacional que contempla uma multiplicidade de questões que não podem ser enquadradas em um esquema prescritivo simplificado. É preciso compreender a organização de forma profunda por meio da abordagem da ação gerencial que considera um conjunto amplo de teorias fora do ambiente exclusivamente intraorganizacional. Desse modo, o progresso das práticas no setor saúde precisa enfocar dimensões gerenciais vinculadas aos processos assistenciais e fundamentadas no direito à saúde, no atendimento humanizado e na cidadania (Gurgel Júnior; Vieira, 2002).

As orientações dispostas no Manual Brasileiro de Acreditação (MBA) apontam aspectos a partir dos quais os avaliadores externos irão verificar evidências objetivas que o hospital deverá apresentar a fim de assegurar que está de acordo com os requisitos de uma determinada certificação. Itens de orientação são guias para que os avaliadores e a organização atuem no processo de acreditação. Existem diversas seções e subseções relacionadas com a dimensão humana e a formação de competências profissionais (Brasil, 2010b):

- **Liderança**: Coordenação e organização de práticas de políticas, planejamento estratégico e estruturação da sistemática e fluxos internos da organização.
- **Gestão de pessoas**: Processos relativos ao planejamento de recursos humanos, questões trabalhistas, formação e capacitação de pessoal, saúde e segurança dos colaboradores.

- **Corpo clínico**: Equipe médica encaminha o processo de internação do paciente e é responsável pelo paciente até a alta, envolvendo diagnóstico e terapêutica, dentro de preceitos éticos e legais.

- **Enfermagem**: Responsável pela assistência 24 horas do paciente, desde a internação até a alta, incluindo: organização e administração de recursos destinados aos cuidados com os pacientes, seguindo a ética e legalidade da profissão.

O caminho para assegurar a qualidade evidencia a demanda por mudanças nas organizações. Nesse contexto, a valorização das pessoas e a natureza dos relacionamentos são essenciais para a evolução rumo à excelência. Assim, os profissionais da saúde são percebidos centro da política de qualidade e desempenham uma função indispensável no sucesso do processo. Quando as pessoas estão comprometidas com a política de qualidade institucional há um consequente engajamento dos profissionais, a cultura da excelência centrada no cliente ganha força e a execução de serviços que atendam aos requisitos do MBA ocorrem de modo seguro e aprofundado.

Dada a relevância da existência de um corpo de profissionais comprometidos e competentes, sem o qual as investidas em direção à qualidade não surtem os efeitos desejados, é possível dizer que o diferencial das organizações está na qualidade de pessoal e no desempenho dos recursos humanos. Isso é fundamental já que "a tecnologia e a estrutura das organizações podem ter um pequeno significado se as pessoas não se sentirem comprometidas com a qualidade, sobretudo no que se refere ao atendimento das necessidades dos clientes" (Mezomo, 2001, p. 46).

A operacionalização de um sistema de qualidade é um desafio para toda a estrutura organizacional, sobretudo aos gestores e profissionais que se empenham para mudar processos de trabalho buscando a excelência no atendimento. O sucesso do processo de acreditação não depende de "mudar a cara" e as características especiais do hospital: o objetivo não é transformar a instituição em outra e sim ressaltar a união e o crescimento da equipe, com capacitação frequente e foco nas necessidades individuais e dos grupos profissionais, sempre com vistas a atingir a melhoria nos processos de gestão da qualidade.

O desenvolvimento de um programa de qualidade bem estruturado e a consequente acreditação decorrente desse processo adquire elevada importância, uma vez que progressivamente proporciona redução de custos e de ociosidade, otimizando as ações e trazendo segurança para a equipe, de modo a promover a satisfação dos usuários.

Bittar (2015) destaca algumas atitudes importantes para atingir bons resultados nos programas de qualidade:

- Implementação de um sistema de informação *on-line* que permita coletar, registrar e processar dados para o conhecimento de variáveis externas (cenário) e internas (institucionais) que auxiliem no planejamento, na organização, na avaliação e no aprimoramento de programas e serviços na área da saúde. São exemplos de itens a serem registrados: prevenção de doenças, diagnóstico, tratamento, reabilitação e aprendizagem permanente.
- Estrutura física, material e humana adequada para o desenvolvimento de programas e serviços que estejam de acordo com as demandas locais e regionais.
- Integração e definição de fluxos para áreas e subáreas, criação de protocolos clínicos, documentação e arquivamento de sínteses e históricos de tratamento.
- Manutenção de profissionais direcionados para realização de tarefas no ambiente hospitalar, incentivados e capacitados

por meio de capacitação psicológica e técnica continuada, mediante uma visão sistêmica, com o objetivo de tornar a equipe mais harmoniosa. Inclui ações de: desenvolvimento de líderes preparados para a gestão da qualidade; intervenção eficiente do corpo clínico; profissionalização dos gestores; consolidação de canais de informação e comunicação.

- Normatização voltada a materiais impressos, de consumo (gaze, esparadrapo, seringas etc.), permanentes (equipamentos de ressonância e de raio X, computadores, mobiliário etc.), medicamentos e processos.

- Revisão permanente dos processos sob a guisa da evolução tecnológica, incluindo nos objetivos da organização temáticas como criatividade gerencial, tecnológica e estrutural como objetivos.

- Avaliação de processos de modo parametrizado e com assertividade, com o uso de ferramenta de clínica, administração, epidemiologia, psicologias e humanas.

- Utilização de ferramentas estatísticas externas e internas para comparação de ações e resultados. Esse procedimento é feito por meio de indicadores qualitativos e quantitativos e em consonância com parâmetros de mercado, com base em diretrizes de áreas profissionais, locais e regionais. A isso são agregados indicadores de impacto socioeconômico decorrente do hospital como uma unidade produtora do nível econômico terciário.

- Redução custos e ampliação da produtividade em todos os setores.

Abordaremos na sequência pressupostos importantes para gestão da qualidade e formação profissional na perspectiva de variados segmentos organizacionais em instituições hospitalares. Afinal, parece óbvio que cada tipo de profissional da saúde tenha necessidades de formação distintas e envolvimento diferenciado na acreditação hospitalar, certo? Desse modo, os tópicos que seguem pretendem abordar essa interação e a participação de cada segmento.

3.1.1 Gestão e administração organizacional

Para que ocorram mudanças na estrutura organizacional e os processos de qualidade resultem em certificação hospitalar, a atuação de uma equipe gestora e administrativa é indispensável, uma vez que cabe à gestão hospitalar a articulação entre a visão e os objetivos da instituição. Essa equipe deve "mostrar as vantagens que advirão; entender a resistência das pessoas e vencê-las com o diálogo e não com a coerção; mostrar empenho e prover os recursos necessários (inclusive tempo para estudo, reuniões e debates); respeitar os prazos; inspirar confiança e premiar o esforço" (Mezomo, 2001, p. 60). Alguns fatores relacionados à gestão podem conduzir à falta de êxito na implantação do processo de certificação hospitalar, como os seguintes (Bomfin; Trivellato; Hastenreiter, 2013):

- Ausência de liderança realmente responsável pela condução do processo. A função de líder carismático e competente precisa ser reconhecida pela equipe. Ação de um líder que sabe conduzir uma organização ou um departamento vale muito mais do que palavras e campanhas.
- Não centrar o foco na melhoria contínua visando à satisfação do cliente ao elaborar o planejamento de gestão da qualidade.
- Deixar de desenvolver ações positivas que aprimorariam a aplicação da qualidade para realizar práticas de inspeção com foco nos erros. O objetivo de uma gestão da qualidade eficaz estão em eliminar a necessidade de inspeção.

- Maus gestores, que justificam sua inércia defendendo que ações para qualidade são caras, esquecendo que o custo da não qualidade representa uma perda de cerca de 50% no faturamento.
- Incentivos desvinculados de métricas claras, gerando uma cultura organizacional com vícios e competição.
- Elaboração dos objetivos não consistentes com as metas de qualidade e as demandas sociais.
- Ignorar as boas práticas do mercado, deixando de buscar os caminhos de êxito nas instituições externas e concorrentes. Olhando somente para dentro, atribui-se os fracassos à falta de apoio e de comprometimento dos colaboradores.
- Deixar de construir um sistema formal, sistematizado e orgânico de qualidade.

A equipe gestora de uma instituição hospitalar que se prepara para acreditação deve ser criteriosa ao selecionar e capacitar os líderes de setor, que são os administradores do processo e responsáveis por formar e motivar as equipes, preparar, orientar e monitorar todas as fases do processo. Assim o envolvimento equipe gestora da administração geral como articuladora e condutora do processo de acreditação é imprescindível para o sucesso dos processos de mudança organizacional empreendidos na implantação dos programas de qualidade em diversas áreas de forma integrada. No modelo da acreditação hospitalar estão contempladas ações gerenciais fundamentais para a gestão do ambiente. São elas:

treinamento do profissional (EQP) (Leandro, Branco, 2011) e as de promoção do paciente e do familiar (EPF) (Griffin, 2002; Frampton, Wahl, Cappiello, 2010), mediante processos educativos específicos e sistemáticos, cujos desdobramentos práticos visam integrar a participação dos diversos profissionais envolvidos no cuidado ao paciente, especialmente a enfermagem (Boswell et al., 2004; Balandin et al., 2007; Pytel et al., 2009), à promoção dos pacientes e das respectivas famílias, para que atuem em conjunto na preservação de um cenário adequado à prestação do cuidado. (Jorge; Carvalho; Sales, 2014, p. 72)

Outras ações gerenciais de destaque são aquelas destinadas à composição e à efetivação articulada de normas, rotinas e protocolos internos ou externos, que garantem a gestão participativa da unidade hospitalar. Essas diretrizes são fundamentadas no cumprimento da legislação, no planejamento colegiado, na segurança, nas ações periódicas e continuadas de educação permanente, no acompanhamento integrado. Todas essas práticas são importantes para minimizar riscos de maneira sistêmica. Tais riscos provêm da natureza dos conhecimentos científicos e técnicos demandados, do tipo de serviços prestados, da tecnologia empregada e das circunstâncias variadas e complexas decorrentes das atividades de assistência à saúde. A aplicação de diretrizes sólidas de qualidade evita que tais atividades sejam conduzidas de forma fragmentada e fragilizada, tanto para os profissionais como para os clientes.

Independentemente do porte e da natureza administrativa e técnica de uma unidade hospitalar, é comum que a finalidade máxima da gestão no modelo da acreditação hospitalar seja instrumentalizar a organização para que esta possa responder satisfatoriamente à sua missão social, aos entes científicos e profissionais de classe e aos pacientes e usuários. Esse procedimento deve estar sempre de acordo com a legislação e utilizar protocolos que possibilitem direcionar esforços e garantir a cooperação efetiva de todos.

178   Acreditação hospitalar

Manzo (2009) realizou uma pesquisa em três hospitais brasileiros de médio porte sobre os desafios da implementação de programas de qualidade. Após o levantamento e a análise de dados, o autor concluiu que os desafios relacionados à gestão de pessoas mais presentes para a equipe gestora são os seguintes:

- **Resistência dos médicos**: Médicos de maneira geral apresentam mais resistência ao engajamento em programas de qualidade, normalmente por desconfiarem que perderão o controle sobre os procedimentos clínicos e por acreditarem que esses programas visam à eficiência administrativa e não influenciam muito a parte clínica.

- **Pouco envolvimento da alta direção**: Os principais executivos que se interessam por qualidade preocupam-se mais com modismos e a imagem institucional do que com os resultados dos programas a longo prazo e os ganhos em mudanças organizacionais.

- **Desinteresse gerencial**: Os profissionais do nível gerencial de cada departamento fornecem suporte para implantação dos programas de qualidade. Existe a tendência de o nível gerencial entender os programas como intuitivos, sem necessidade de muito esforço.

- **Formação deficiente**: São colocados grupos de colaboradores para discutir os programas de qualidade sem preparo e conhecimento para isso.

Na gestão da qualidade os gestores e administradores organizacionais respondem pelo gerenciamento de recursos financeiros, materiais e humanos da organização. O Quadro 3.1 a seguir detalha os níveis de fundamento da gestão em que esses profissionais se inserem nos processos de acreditação descrevendo alguns pressupostos importantes para sua formação e atuação.

Quadro 3.1 – Níveis para atuação e formação de gestores na acreditação hospitalar

	Descrição	Itens de orientação
Nível 1	A instituição dispõe de responsável habilitado ou capacitado para a administração e a gerência dos processos de armazenamento, de pessoal e financeiro. As áreas e a infraestrutura disponíveis são compatíveis com a missão e com os serviços oferecidos.	◆ Profissional habilitado e experiente. ◆ Serviço de pessoal com todos os registros dos funcionários e suas habilitações específicas. ◆ Processos de aquisição, distribuição e controle dos insumos e recursos materiais duráveis, bem como registros, manejo e gerenciamento de bens. ◆ Processos de administração dos recursos financeiros, cobrança e controle orçamentário. ◆ Instalações físicas e processos compatíveis com a capacidade instalada e os serviços oferecidos.
Nível 2	Apresenta manuais de normas, rotinas e procedimentos documentados, atualizados e disponíveis. A área de administração integra o orçamento, o plano de metas e os esforços de melhoria dos processos organizacionais.	◆ Manuais de normas, rotinas e procedimentos documentados, atualizados e disponíveis. ◆ Procedimentos de avaliação, controle e melhoria dos sistemas de aquisição (insumos etc.). ◆ Procedimentos de avaliação e melhoria dos processos organizacionais.

(continua)

180 **Acreditação hospitalar**

(Quadro 3.1 – conclusão)

Descrição	Itens de orientação
Nível 3	A administração dispõe de sistema de aferição da satisfação dos clientes; integra o programa institucional da qualidade e produtividade, com evidências de melhoria; sistema de informação com dados e indicadores, que permitem a avaliação do serviço e a comparação com referenciais adequados.	◆ Ciclos de melhoria do sistema de gestão com impacto sistêmico. ◆ Sistema de informação institucional com indicadores, taxas e informações comparativas. ◆ Sistema de aferição da satisfação dos clientes internos e externos.

Fonte: Elaborado com base em Brasil, 2010b.

3.1.2 Equipe médica

O referencial teórico a respeito da qualidade dos serviços médicos, da auditoria médica e do papel do médico na acreditação aborda, sobretudo, o registro e a revisão de prontuários médicos com relação a alguns itens específicos, como: patologia do paciente; grupo de análise; tratamento; capacitação de profissionais para tratamento; análise de evolução clínica; criação e uso de protocolos médicos.

Sasieni (2001) defende a relevância da auditoria e o acompanhamento dos tratamentos médicos que envolvam plano de saúde e atendimento via Sistema Único de Saúde (SUS) a fim de que a prestação não ocorra além ou aquém do necessário em cada caso. A auditoria médica é importante para que a qualidade da assistência seja garantida, especialmente em programas de saúde coletiva.

A auditoria médica interna e externa, indispensável em programas de qualidade e acreditação, é a "avaliação da qualidade de assistência com base em uma análise retrospectiva de prontuários clínicos, com a finalidade de otimizar recursos, fornecer tratamento preciso e evitar falhas" (Camacho; Rubin, 1996, p. 87). A revisão por pares é reconhecidamente a principal ferramenta de avaliação para detectar a assistência abaixo do padrão ou a prescrição de rotinas indevidas, oportunizando a melhoria do processo de intervenção e do cuidado médico-hospitalar. A gestão da qualidade de prontuários médicos é baseada com ênfase no processo de assistência, em que a "maior dificuldade está em desenvolver padrões e protocolos que possibilitem cobrir uma infinidade de casos e particularidades que podem emergir na prática clínica" (Sasieni, 2001, p. 33, tradução nossa). Nesse sentido, os serviços hospitalares acabam optando por formar juntas médicas e comissões de especialistas para dar suporte ao corpo clínico e realizar avaliações do processo – o que exige menor esforço do que produzir manuais que frequentemente não cobrem todas as nuances da realidade e ficam sujeitos a interpretação de quem os lê.

Pontua-se ainda que a prática de revisão de prontuários como ação central para avaliação de qualidade está sujeita à fidedignidade e ao detalhamento dos registros disponíveis. Esse fato faz com que seja estratégico o investimento em sistemas de informação adequados e modernos e a capacitação da equipe de assistência para o uso desses sistemas com excelência. A esse respeito, Ramirez, citado por Dias-da-Costa et al. (2000, p. 66) ressalta que a "auditoria médica é a qualidade da atenção médica refletida nas histórias clínicas" registradas em sistemas de informação integrados.

Destaca-se a utilidade da elaboração de instrumentos epidemiológicos para organizar um serviço de saúde para o mapeamento de situações de risco e apoio ao diagnóstico médico, duas ações cruciais para a qualidade da assistência. O uso desses instrumentos apresenta como vantagens o fato de ser algo dinâmico, barato e prático de ser operacionalizado, direcionando as ações do corpo clínico e aumentando o nível de padronização dos processos.

O quadro a seguir expõe os níveis a serem considerados na formação e na prática profissionais de médicos com relação à acreditação.

Quadro 3.2 – Níveis para atuação e formação de médicos na acreditação hospitalar

Descrição	Itens de orientação
Nível 1 O corpo clínico conta com uma direção médica que supervisiona as ações assistenciais prestadas pela equipe médica, que atua em tempo parcial ou integral em acompanhamento contínuo dos pacientes internados (24 horas diárias).	• Corpo clínico organizado. • Responsável técnico pela assistência médica que supervisiona as decisões sobre diagnóstico e tratamento e assume a responsabilidade final pela conduta adotada. • Médico assistente designado para cada grupo de pacientes. • Relação dos médicos contratados e credenciados. • Escala de médicos de plantão ativo ou a distância. • Pacientes conhecem o nome do médico que os assiste e são informados sobre diagnóstico e procedimentos. • Continuidade do atendimento ao paciente (visita, prescrições e evoluções médicas). • Registros no prontuário do paciente de todos os atendimentos. • Prontuários completos, legíveis e assinados com identificação.

(continua)

184   **Acreditação hospitalar**

(Quadro 3.2 – conclusão)

	Descrição	Itens de orientação
Nível 2	O médico atua de acordo com as normas do regimento do corpo clínico; desenvolve ações baseadas em protocolos clínicos; dispõe de programa de educação e treinamento continuado e melhoria de processos; ações médicas auditadas pelos registros no prontuário.	• Regimento do corpo clínico ou manuais de normas, rotinas e procedimentos documentados, atualizados e disponíveis. • Programa de educação e treinamento continuado. • Grupos de trabalho para a melhoria de processos, integração institucional, análise crítica dos casos, melhoria da técnica, controle de problemas, minimização de erros e efeitos colaterais. • Mecanismos de auditoria médica (sistemas internos e/ou externos) e seus resultados. • Procedimentos voltados para a continuidade de cuidados ao cliente/paciente e seguimento de casos.
Nível 3	O modelo assistencial multiprofissional e interdisciplinar integra o programa institucional de qualidade, com evidências de ciclos de melhoria; dispõe de sistema de aferição da satisfação interna e externa e de avaliação do serviço, em comparação com referenciais de impacto junto à comunidade.	• A assistência ao cliente segue o planejamento em diversos níveis de complexidade com enfoque multiprofissional e interdisciplinar. • Avaliação dos protocolos clínicos e de seus resultados. • Reuniões clínicas periódicas para discutir casos selecionados. • Indicadores epidemiológicos utilizados no planejamento e na definição do modelo assistencial. • Registros, atas, relatórios e estatísticas referentes às atividades de avaliação da qualidade da assistência. • Comparações de resultados com referenciais adequados e análise do impacto gerado junto à comunidade. • Sistema de aferição da satisfação dos clientes (internos e externos).

Fonte: Elaborado com base em Brasil, 2010b.

No que se refere aos indicadores de desempenho e modelos de avaliação médica da qualidade no processo de acreditação, Camacho e Rubin (1996) alertam que alguns cuidados devem ser tomados para assegurar o correto julgamento da realidade do serviço hospitalar prestado:

- Analisar diferentes dados (taxa de mortalidade, por exemplo, não é indicador confiável para aferir a qualidade).
- Saber que processos, setores ou profissionais têm desempenho abaixo da média, porém não compreender os motivos para isso ou o modo como corrigi-los inutiliza os indicadores de resultado.
- Compreender a importância de todas as etapas. Centrar demais em resultados causa efeitos que comprometem o atendimento de questões que possam impactar negativamente na aplicação da qualidade (como evitar atender pacientes de risco elevado).
- Analisar os resultados. Focar somente nos processos e não os materializar em análise de resultados pode levar as organizações a ignorar aspectos importantes da qualidade.
- Saber balancear questões financeiras. Ver o custo com importância decisória para o corte de ações é perigoso.

A auditoria de qualidade nos aspectos clínicos pode ainda ser instrumento para o auxílio no diagnóstico da rede prestadora, ao avaliar suas potencialidades e debilidades. Desse modo, o processo de auditoria traz o benefício da "transparência e quantificação do desempenho da rede, identificando os reais problemas ao invés de erros ocasionais percebidos em alguns momentos" (Camacho; Rubin, 1996, p. 92); esse fato serve para que o prestador demonstre resultados e se assegure do retorno de investimentos.

3.1.3 Enfermagem

O comprometimento e o envolvimento da equipe de enfermagem são essenciais para a efetividade de programas de qualidade, uma vez que essa equipe lida constantemente com pacientes e familiares e se relaciona com os diversos setores do hospital. O profissional de enfermagem precisa dominar a "metodologia da acreditação para que possa eleger as estratégias mais adequadas para implantar e desenvolver este processo na instituição em que atua, contribuindo assim para assegurar a qualidade e a segurança dos clientes" (Peixoto, 2013, p. 53).

A participação do enfermeiro como membro da equipe multiprofissional nos programas de qualidade e acreditação se dá na elaboração de diretrizes e condições para que o serviço de enfermagem obtenha e mantenha padrões de assistência estabelecidos no MBA (Brasil, 2010b). No nível operacional, os gestores da equipe de enfermagem supervisionam sistematicamente os enfermeiros usando estratégias de motivação e conscientização, além de integrar a equipe de auditoria na fase que antecede a avaliação pela instituição acreditadora.

As ações desenvolvidas pelo enfermeiro no processo de acreditação hospitalar são bastante abrangentes e envolvem atividades de caráter assistencial, administrativo, pedagógico e científico (Peixoto, 2013). A diversificação da atuação do enfermeiro na acreditação consolida a formação deste para atuar na assistência, na gestão, na auditoria, no ensino e na pesquisa. O serviço de enfermagem compreende previsão, organização e administração de recursos para prestação de cuidados aos pacientes, de modo sistematizado, respeitando os preceitos éticos e legais da profissão.

Os níveis a serem considerados na formação e na atuação dos profissionais de enfermagem com relação à acreditação estão sistetizados no Quadro 3.3.

Quadro 3.3 – Níveis para atuação e formação de enfermeiros na acreditação hospitalar

	Descrição	Itens de orientação
Nível 1	O serviço é realizado por um responsável técnico habilitado; os procedimentos e controles dos pacientes internados são registrados no prontuário; a distribuição da equipe, por escala, é feita de acordo com a habilitação requerida, ajustada às necessidades do serviço.	◆ Responsável técnico habilitado. ◆ Supervisão contínua e sistematizada por profissional habilitado, nas diferentes áreas. ◆ A chefia do serviço coordena a seleção e o dimensionamento da equipe de enfermagem. ◆ Número de enfermeiros, técnicos e auxiliares de enfermagem adequado às necessidades de serviço. ◆ A escala assegura a cobertura da assistência prestada e a disponibilidade de pessoal durante as 24 horas diárias em atividades descontinuadas. ◆ Registro em prontuário de procedimentos, prescrição médica aos enfermeiros e controles pertinentes. ◆ Registros de enfermagem no prontuário do cliente/paciente completos, legíveis e assinados.

(continua)

(Quadro 3.3 – conclusão)

Descrição	Itens de orientação
Nível 2	O serviço dispõe de manuais de normas, rotinas e fluxos documentados, atualizados e disponíveis; desenvolve as suas ações baseadas em protocolos clínicos; dispõe de um programa de educação continuada e melhoria de processos; as ações são auditadas por meio de registros no prontuário.	• Manuais de normas, rotinas e procedimentos documentados, atualizados e disponíveis. • Programa de educação e treinamento continuado. • Grupos de trabalho para a melhoria de processos, integração institucional, análise crítica dos casos atendidos, melhoria da técnica, controle de problemas, minimização de riscos e efeitos indesejáveis. • Procedimentos voltados para a continuidade de cuidados ao cliente/paciente e seguimento de casos.
Nível 3	O modelo assistencial de enfoque multiprofissional e interdisciplinar, integra o programa de qualidade, com evidências de ciclos de melhoria; dispõe de sistema de aferição da satisfação de clientes internos e externos e de avaliação, em comparação com referenciais adequados à comunidade.	• Avaliação de procedimentos de enfermagem e de seus resultados. • Indicadores epidemiológicos utilizados no planejamento e na definição do modelo assistencial. • Comparação de resultados com referenciais adequados e análise do impacto gerado junto à comunidade. • Sistema de aferição da satisfação dos clientes internos e externos.

Fonte: Elaborado com base em Brasil, 2010b.

O desenvolvimento bem-sucedido do processo de acreditação em hospitais depende da interligação em rede de setores e colaboradores, na condição de um sistema complexo em que estruturas e ações se integram e cada componente interfere no resultado organizacional. Nesse contexto, a equipe de enfermagem é essencial para um programa de qualidade, tanto pela grande quantidade de profissionais, quando por sua performance direta e constante com os clientes internos e externos. Os enfermeiros interatuam com todos os setores de apoio, "com autonomia e corresponsabilidade, por meio de instrumentos da estrutura organizacional, como regimento interno, organograma, rotinas, sistemas de comunicação e controle" (Manzo et al. 2012). Os enfermeiros se familiarizam com algumas rotinas por terem contato, desde a formação acadêmica – especialmente por meio dos estágios curriculares –, com demandas gerenciais, auditorias e ações de educação em saúde. Assim, o profissional de enfermagem é estratégico para o sucesso do processo com "habilidade singular para assessorar a equipe multiprofissional durante a implementação e monitorização de um processo de acreditação" (Manzo et al., 2012), tanto por sua formação como por sua função macro e integralizante no hospital.

Em pesquisa realizada por Manzo et al. (2012), em vários hospitais os participantes dessa pesquisa relataram que no processo de acreditação são realizadas "ações de enfermagem relativas tanto a questões assistenciais quanto administrativas, sendo que nessa última observou-se um enfoque maior, sendo responsabilidade dos enfermeiros a sua execução".

A equipe de enfermagem faz o acompanhamento ao paciente individualmente, nas famílias e comunidade, e desempenha ações primordiais por meio do acolhimento, cuidado continuado, conforto e bem-estar dos clientes. Já o líder dessa equipe foca suas ações na promoção de condições para que esse cuidado aconteça de maneira segura e com qualidade, por meio de ações gerenciais, vinculadas à acreditação. O desenvolvimento de práticas administrativas do profissional da enfermagem está em plena evolução a fim de adaptar-se cada vez mais às exigências do presente momento histórico, político e econômico; momento em que as funções se acumulam e é necessária uma atuação inter e transdisciplinar. Até pouco tempo atrás o enfermeiro era o chefe do setor e coordenava a equipe de auxiliares e assistentes de enfermagem, porém, atualmente, essa função é desempenhada por um gestor da unidade estratégica de negócio, com função estratégica que lhe exige compreensão técnica e administrativa da organização como um todo.

Uma atuação muito relevante do enfermeiro que surgiu com os programas de qualidade e acreditação foi a participação direta dele na capacitação dos profissionais, auxiliando na reorganização das rotinas de trabalho e na busca pela melhoria contínua da instituição, que é um organismo integrado em que a enfermagem tem posição privilegiada. No processo de acreditação o enfermeiro ainda realiza ações de pesquisa e discussão clínica, na condição de profissional que está em contato direto com os clientes.

o profissional enfermeiro tem atuação fundamental junto à sua equipe no processo de acreditação, uma vez que participa ativamente em momentos decisórios, estratégicos e operacionais. A atuação da equipe de enfermagem envolveu ações direcionadas para as dimensões do cuidar, administrar/gerenciar, ensinar e pesquisar. A atuação gerencial, peculiar dos enfermeiros, prevalece num processo de acreditação em detrimento da atuação exercida por profissional técnico de enfermagem. De fato, faz sentido, a atuação gerencial exercida tendo em vista que a acreditação é um instrumento e modelo de gestão. Porém, a qualidade resultante da acreditação será refletida principalmente no cuidado cotidiano dos pacientes, os quais são executados não apenas pelo enfermeiro ou tampouco pela equipe de enfermagem, mas por uma equipe multiprofissional. (Manzo et al., 2012)

Na atualidade os enfermeiros contribuem para o acréscimo da qualidade assistencial e da organização, na condição de instrumento social, mediante a atuação desses profissionais em processos avaliativos. "Em algumas situações, o trabalho do profissional é alvo de avaliação e em outras, o enfermeiro é um dos agentes avaliadores, como observador na realização de auditorias, na avaliação de riscos e no processo de Acreditação Hospitalar" (Peixoto, 2013, p. 32). É inegável que o enfermeiro seja a peça chave que dispõe de inúmeras ferramentas, saberes e metodologias para a avaliação. Suas aptidões aplicam-se à definição de critérios, indicadores e padrões significativos para os serviços hospitalares. Daí a relevância de contar com um corpo de enfermagem adequadamente capacitado para levar a cabo as ações de gestão da qualidade, auditoria e avaliação em saúde.

3.1.4 Análises clínicas

O Sistema Nacional de Acreditação (DICQ) tem por finalidade materializar a acreditação da gestão da qualidade de laboratórios clínicos e outras instituições afins na área da saúde, por intermédio de critérios e condições de referência. Tudo começou em 1997, quando a Sociedade Brasileira de Análises Clínicas (Sbac), visando garantir padrões de qualidade para laboratórios de análises clínicas de todo Brasil, inaugurou o Departamento de Inspeção e Credenciamento da Qualidade. Tal departamento objetivava elaborar, planejar e operacionalizar a acreditação de laboratórios clínicos, seguindo normativas nacionais e internacionais de qualidade. Assim, mediante a avaliação periódica de laboratórios, o DICQ expede o Certificado de Acreditação para as organizações que atuem segundo as exigências de qualidade regulamentadas por essa entidade (DICQ, 2013).

No final de 1998 foi editado o primeiro Manual para Acreditação do Sistema de Qualidade de Laboratórios Clínicos do DICQ (2013), por meio do qual foram acreditados mais de 60 laboratórios em todo território nacional. Por meio de auditores capacitados, as ações de qualidade e avaliação contribuem para melhoria e desenvolvimento do programa de qualidade dos laboratórios e ainda proporcionam acréscimo significativo de competitividade com a acreditação, aprimorando suas capacidades técnicas e administrativas.

Em 2005, o Sistema Nacional de Acreditação passou atuar como entidade vinculada à Sbac. Esta, por sua vez, passou ser uma instituição acreditadora credenciada pela Organização Nacional de Acreditação (ONA). Desse modo, é prerrogativa do DICQ, patrocinado pela Sbac, auditar e emitir certificados de acreditação aos laboratórios clínicos do país. Cabe ressaltar que esse processo de acreditação é "periódico e voluntário, outorgado principalmente por Instituições Científicas reconhecidas e aceitas pela Sociedade, por sua seriedade, responsabilidade e capacidade profissional, com a finalidade de comprovar a implementação de um sistema de gestão da qualidade" (DICQ, 2013, p. 9), de modo a contemplar a competência organizacional, técnica, ética, humana e legal para manter e evoluir a qualidade dentro do rol de diretrizes estabelecidas.

A acreditação efetivada pelo DICQ é realizada por meio de auditorias externas em laboratórios clínicos de uma instituição, com vistas a avaliar o funcionamento do programa de qualidade e de suas habilidades técnicas, para a efetivação de exames próprios. Essas auditorias externas precisam observar as evidências em uma determinada realidade, comparativamente à listagem de requisitos e normativas de acreditação do DICQ. Aos laboratórios clínicos aprovados são concedidos certificados de acreditação do sistema de gestão da qualidade com validade de um ano.

A acreditação tem vigência trienal, porém o laboratório clínico deve ser reauditado anualmente, para a verificação da manutenção da sua creditação.

> *Após as Auditorias Externas, o Laboratório Clínico Acreditado deve realizar periodicamente suas Auditorias Internas para avaliação pelo DICQ, por ocasião das Auditorias Externas de Manutenção da Acreditação. A equipe de auditores do DICQ, envolvidos na Acreditação, dependerá do escopo e da complexidade do Laboratório Clínico, assim como o número [de] colaboradores e o volume de clientes atendidos.* (DICQ, 2013, p. 12)

Cinco condições objetivas devem ser contempladas pelos laboratórios clínicos dentro do elenco de categorias avaliadas para a acreditação da qualidade institucional, conforme o DICQ (2013):

1. **Independência integridade e imparcialidade**: A instituição deve buscar a transparência, a ética e a confiabilidade das ações realizadas com interesses e metas claras e embasadas em parâmetros de qualidade.
2. **Cooperação com clientes**: Um objetivo sempre presente na instituição deve ser a obtenção da satisfação e da excelência no atendimento aos usuários, com segurança, conforto e responsabilidade.
3. **Cooperação com as autoridades sanitárias**: Participação ativa da instituição em auditorias sanitárias internas e externas buscando a melhoria contínua de processos e rotinas.
4. **Programa externo de avaliação da qualidade ou de teste de proficiência**: É obrigatória a participação da instituição nesse tipo de programa ou teste por um ano, no mínimo, para que a instituição esteja habilitada a participar do processo de acreditação.

5. **Cooperação com o DICQ**: O laboratório clínico deve vincular--se ao DICQ e seus cooperadores para parceria no monitoramento da conformidade aos regulamentos e requisitos para a acreditação do sistema de gestão da qualidade.

O credenciamento, a ampliação e a renovação do Certificado de Acreditação do sistema da qualidade são concedidos aos laboratórios clínicos que:

1. *Atendam aos Requisitos para a Acreditação do Sistema da Qualidade de Laboratórios Clínicos, estabelecidos pelo DICQ;*
2. *Cumpram este Regulamento;*
3. *Ressarçam os custos relativos à Acreditação do Sistema da Qualidade;*
4. *Apresentem, dentro do prazo estabelecido, as ações corretivas das não conformidades.* (DICQ, 2013, p. 12)

O DICQ deve ser informado pelo laboratório clínico de maneira ágil sobre quaisquer tipos de mudanças nos aspectos envolvidos nos requisitos ou operações que interfiram na conformidade do laboratório com o regulamento e os critérios firmados para acreditação. Alguns tipos de mudanças relevantes são:

1. *Nos atos constitutivos, comerciais ou organizacionais;*
2. *Na organização e gerência (Diretor do Laboratório, Responsável Técnico e seus substitutos);*
3. *Na política e nos procedimentos;*
4. *Nas instalações;*
5. *Nos recursos humanos, equipamentos, condições ambientais ou outras e*
6. *Nos signatários autorizados.* (DICQ, 2013, p. 15-16)

O DICQ pode suspender ou reduzir a abrangência da acreditação caso ocorra alguma das seguintes circunstâncias:

1. *Houver qualquer mudança nos aspectos referentes à posição jurídica ou funcionamento do Laboratório Clínico que afete a observância deste Regulamento e dos requisitos para Acreditação do Sistema da Qualidade ou que prejudique sua competência técnica e os serviços acreditados;*

2. *O Laboratório Clínico deixar de cumprir os requisitos deste Regulamento e/ou Requisitos para a Acreditação do Sistema de Gestão da Qualidade de Laboratórios Clínicos;*

3. *A Auditoria Externa mostrar que a não conformidade aos requisitos seja de tal natureza que a rescisão imediata do Contrato de Acreditação do Sistema de Gestão da Qualidade do Laboratório Clínico não seja necessária;*

4. *Em caso de uso inadequado da Acreditação do Sistema de Gestão da Qualidade;*

5. *Existirem outras infrações à Acreditação do Sistema de Gestão da Qualidade;*

6. *Não forem cumpridas as obrigações financeiras estipuladas no Contrato.* (DICQ, 2013, p. 18)

A seguir apresentamos o Quadro 3.4 com os itens de orientação para atuação e formação de profissionais de análises clínicas na acreditação hospitalar.

Quadro 3.4 – Níveis para atuação e formação em laboratórios na acreditação hospitalar

	Descrição	Itens de orientação
Nível 1	O responsável técnico do laboratório tem habilitação específica e supervisiona a execução das atividades; conta com profissionais habilitados de plantão, ativo ou a distância, nas 24 horas diárias; tem estrutura para processar as análises conforme o modelo assistencial e a complexidade do serviço.	◆ Responsável técnico e equipe multiprofissional habilitados. ◆ Serviço operando de acordo com normas e regulamentos. ◆ Sistema de coleta, identificação e transporte da amostra, acompanhamento até a emissão do laudo. ◆ Sistema de documentação e registros correspondentes aos procedimentos do laboratório. ◆ Condições estruturais e operacionais que atendam aos requisitos de segurança para o cliente interno e externo. ◆ Escala de plantão, ativo ou a distância, bem como sistema de comunicação que assegure resultado em tempo hábil. ◆ Equipamentos e instalações adequadas aos procedimentos laboratoriais, com manutenção preventiva. ◆ Condições para lavagem simples e anti-sepsia das mãos, ventilação e iluminação adequadas. ◆ Precauções padronizadas e rotinas de controle de infecção. ◆ Controle de qualidade do processo de análise laboratorial.

(continua)

(Quadro 3.4 – conclusão)

Descrição	Itens de orientação
Nível 2	Dispõe de manuais de normas, rotinas e procedimentos documentados, atualizados e disponíveis; protocolos clínicos e estatísticas básicas; tem programa de educação e treinamento continuado, voltado para a melhoria de processos e prevenção de acidentes; evidências de integração com os outros serviços da organização.	◆ Manuais de normas, rotinas e procedimentos documentados, atualizados e acessíveis a todos. ◆ Programa de educação e treinamento continuado. ◆ Controle interno de qualidade. ◆ Controle estatístico de processos. ◆ Grupo de trabalho para a melhoria de processos e integração institucional. ◆ Sistema de análise crítica dos procedimentos laboratoriais, visando à melhoria técnica, ao controle de problemas, à melhoria de processos e à minimização de riscos
Nível 3	Sistema de aferição da satisfação dos clientes (internos e externos); programa institucional da qualidade e produtividade com melhoria e vinculado a um programa externo de qualidade; sistema de informação com dados, taxas e indicadores para avaliação do serviço e comparação com referenciais.	◆ Controle de qualidade externo. ◆ Sistema de planejamento e melhoria contínua em termos técnico--profissional e procedimentos específicos do serviço. ◆ Ciclos de melhoria com impacto sistêmico. ◆ Sistema de informação embasado em taxas e indicadores que permitem análise e comparações. ◆ Sistema de aferição da satisfação dos clientes (internos e externos).

Fonte: Elaborado com base em Brasil, 2010b.

3.1.5 Farmácia e radiologia

A atuação competente do farmacêutico na farmácia clínica hospitalar contribui para uma prática de melhoria da qualidade de vida dos pacientes: a atenção farmacêutica. Esta, aliada à farmácia clínica, contribuem "para o reconhecimento da farmácia como um estabelecimento de promoção e recuperação de saúde. A farmácia clínica está dirigida ao paciente, ao medicamento e à enfermidade, e na prática tem uma orientação interdisciplinar" (Soares; Kulkamp, 2017, p. 4-5).

O farmacêutico toma para si o encargo de zelar para que os tratamentos medicamentosos tenham eficácia, segurança e custo-benefício adequados. Para levar a cabo essa responsabilidade, ele deve avaliar os riscos de interações medicamentosas e verificar possíveis reações adversas dos fármacos.

A área de farmacovigilância trabalha para identificar e avaliar os "efeitos do uso, agudo e crônico, dos tratamentos farmacológicos no conjunto da população ou em subgrupos de pacientes expostos a tratamentos específicos" (Tognoni; Laporte, citados por Soares; Kulkamp, 2017, p. 4). A Organização Mundial da Saúde (OMS) apresenta como ciência relativa aos processos de "detecção, avaliação, compreensão e prevenção dos efeitos adversos ou problemas relacionados a medicamentos" (OMS, 2005, p. 8). Trata-se de uma área que apresenta resposta a necessidades especiais, pautando-se nos pontos fortes específicos abordados pela OMS e contribuindo para padrões internacionais.

De acordo com a OMS (2005), indicadores são marcadores do cenário de saúde e desempenho de serviços que permitem o monitoramento de metas e *performances*. Por isso um indicador deve ser um parâmetro facilmente mensurável e representativo da realidade de uma ação e contexto. Indicadores, também denominados *descritores*, são estabelecidos para variadas atividades farmacêuticas. Com base nos pressupostos da OMS, Soares e Kulkamp (2017) destacam nove indicadores básicos que devem estar presentes para se assegurar a qualidade da farmácia hospitalar no processo de acreditação. São eles:

1. *Ter profissionais exclusivos para farmacovigilância e farmácia clínica.*
2. *Avaliar todos os pacientes com relação ao uso racional de medicamentos.*
3. *Realizar intervenções farmacêuticas nas prescrições médicas.*
4. *Repassar as notificações pertinentes à Anvisa [Agência Nacional de Vigilância Sanitária].*
5. *Detectar, prevenir, monitorar problemas relacionados a medicamentos (necessidade, eficácia e segurança) manifestados e não manifestados.*
6. *Monitorar e avaliar reações medicamentosas adversas (leve, moderada, grave).*
7. *Classificar as reações adversas (definida, provável, possível, duvidosa).*
8. *Identificar, investigar e buscar ativamente as reações adversas, e registrá-las.*
9. *Estruturar física e organizacionalmente a farmácia hospitalar para efetuar as atividades de farmacovigilância e farmácia clínica.*

(Soares; Kulkamp, 2017)

O quadro a seguir apresenta os níveis de formação e atuação de farmacêuticos para acreditação hospitalar.

Quadro 3.5 – Níveis para atuação e formação em farmácia na acreditação hospitalar

	Descrição	Itens de orientação
Nível 1	O serviço de farmácia é administrado por profissional habilitado; tem um sistema de armazenamento em condições adequadas e que faz controle de estoque e um sistema de dispensação de medicamentos aos clientes/pacientes.	◆ Responsável técnico e corpo funcional habilitados, dimensionado às necessidades do serviço. ◆ Controle de medicamentos e correlatos no armazenamento, estoques satélites e distribuição para as unidades de internação. ◆ Condições estruturais e operacionais conforme os requisitos de segurança para o cliente interno e externo e as normas vigentes. ◆ Equipamentos e instalações adequados às rotinas farmacêuticas. ◆ Condições específicas de armazenamento, de acordo com as características físico-químicas dos medicamentos e correlatos. ◆ Área de dispensação interna para a análise das prescrições e a guarda dos produtos. ◆ Área adequada para separação e preparação das doses. ◆ Locais adequados com câmaras de fluxo laminar para a preparação de nutrição parenteral e de drogas citotóxicas (se for o caso). ◆ Programa de manutenção preventiva de equipamentos. ◆ Condições para lavagem e antissepsia das mãos. ◆ Precauções padrão e rotinas de controle de infecção.

(continua)

(Quadro 3.5 – conclusão)

Descrição	Itens de orientação
Nível 2	Existem manuais de normas e rotinas documentados, atualizados e disponíveis; protocolos clínicos e estatísticas básicas; programa de educação continuada, voltado para a melhoria de processos e a prevenção de sequelas e acidentes; evidências de integração com os outros serviços da organização.	◆ Manuais de normas, rotinas e procedimentos documentados, atualizados e disponíveis. ◆ Aderência ao cartão de confirmação de inscrição (CCI) na normatização e dispensação do uso terapêutico e profilático de antibióticos. ◆ Participação (formal e informal) na aquisição e distribuição de medicamentos, materiais médico-hospitalares e germicidas. ◆ Programa de educação e treinamento continuado. ◆ Grupos de trabalho para melhoria de processos e integração institucional. ◆ Sistema de análise crítica de casos atendidos, com vistas à melhoria da técnica, ao controle de problemas e procedimentos e à minimização de riscos e efeitos colaterais. ◆ Procedimentos de orientação ao cliente/paciente. ◆ Continuidade de cuidados ao cliente e seguimento de casos.
Nível 3	Sistema de aferição da satisfação dos clientes; programa de qualidade e produtividade, com evidências de ciclos de melhoria; sistemas de informação com dados, taxas e indicadores para avaliação do serviço e a comparação com referenciais.	◆ Sistemas de planejamento e melhoria contínua em termos de estrutura, novas tecnologias, atualização técnico-profissional, ações assistenciais e procedimentos. ◆ Ciclos de melhoria com impacto sistêmico. ◆ Sistema de informação embasado em taxas e indicadores que permitem análises e comparações. ◆ Sistema de aferição da satisfação dos clientes (internos e externos).

Fonte: Elaborado com base em Brasil, 2010b.

Serviços de radiologia demandam elevada qualidade para apoio ao diagnóstico com os menores riscos e custos possíveis. Para que os serviços de radiologia ocorram adequadamente e com resultados satisfatórios é importante priorizar a "cultura da qualidade, desenvolvendo um sistema de gestão da qualidade total, envolvendo toda a organização" (Vidigal, 2011, p. 3).

A radiologia, juntamente com o diagnóstico por imagem em geral, é uma área de suma relevância em hospitais de diversas especialidades, sendo decisório, por diversas vezes, determinar o diagnóstico de uma patologia de maneira precisa. Uma boa imagem com um laudo adequado irá direcionar a conduta de tratamento, dando suporte indispensável para que a equipe médica tome decisões essenciais para o sucesso terapêutico. Desse modo, a radiologia fornece suporte à qualidade da assistência, sendo uma ferramenta estratégica. Além da gestão de riscos, os profissionais devem ter suporte para reduzir erros e aumentar a segurança em radiologia. Os procedimentos precisam enfocar o progresso da atenção em saúde e da qualidade, permitindo cumprir o objetivo primordial da radiologia: fornecer imagens com qualidade técnica e protocolos a fim de minimizar dúvidas de diagnóstico.

O quadro a seguir apresenta os níveis para acreditação na prática profissional e formação em radiologia.

Quadro 3.6 – Níveis para atuação e formação em radiologia na acreditação hospitalar

	Descrição	Itens de orientação
Nível 1	O serviço dispõe de responsável técnico habilitado e conta com estrutura adequada ao modelo assistencial e à complexidade da instituição. Deve estar de acordo com as normas e os regulamentos correspondentes.	◆ Responsável técnico habilitado. ◆ Equipe multiprofissional habilitada. ◆ Sistema de documentação e registros correspondentes aos procedimentos do serviço. ◆ Esclarecimentos aos clientes/paciente sobre as condições de realização dos exames. ◆ Escala de plantão, ativo ou a distância, bem como sistema de comunicação que assegure resultado em tempo hábil. ◆ Condições estruturais e operacionais que atendam a todos os registros de segurança para o cliente interno e externo, conforme normas e regulamentos do serviço. ◆ Equipamentos e instalações adequados aos procedimentos do serviço de diagnóstico por imagem. ◆ Programa de manutenção preventiva dos equipamentos. ◆ Condições para lavagem simples e antissepsia das mãos. ◆ Atendimento às normas de controle de infecção. ◆ Escala com cobertura 24 horas. ◆ Material, medicamentos e equipamentos de emergência.

(continua)

(Quadro 3.6 – conclusão)

Descrição	Itens de orientação
Nível 2 O serviço dispõe de: manuais de normas, rotinas e procedimentos documentados, atualizados e disponíveis, bem como protocolos clínicos e estatísticas básicas; programa de educação e treinamento continuado, voltado para a melhoria de processos e a prevenção de sequelas e acidentes; evidências de integração com os outros serviços da organização.	◆ Manuais de normas, rotinas e procedimentos documentados, atualizados e disponíveis. ◆ Protocolos de procedimentos. ◆ Programa de educação e treinamento continuado. ◆ Grupos de trabalho para a melhoria de processos e integração institucional. ◆ Sistema de análise crítica dos procedimentos de diagnóstico por imagem, visando à melhoria da técnica, ao controle de problemas, à melhoria de processos, à minimização de riscos e efeitos colaterais. ◆ Procedimentos existentes para a orientação dos clientes/pacientes. ◆ Planejamento das atividades do serviço.
Nível 3 Sistema de aferição da satisfação dos clientes (internos e externos); integra o programa de qualidade e produtividade, com ciclos de melhoria; sistemas de informação com dados, indicadores e taxas que permitem a avaliação do serviço e a comparação com referenciais.	◆ Sistema de planejamento e melhoria contínua em termos técnico-profissional, ações assistenciais e procedimentos específicos do serviço. ◆ Ciclos de melhoria com impacto sistêmico. ◆ Melhorias de desempenho do serviço, implementadas por meio da coleta e análise de dados. ◆ Sistema de aferição da satisfação dos clientes (internos e externos).

Fonte: Elaborado com base em Brasil, 2010b.

3.1.6 Nutrição e dietética

O setor de serviços de alimentação é bastante amplo, abrangendo, segundo a Associação Brasileira das Indústrias da Alimentação (Abia), oito subcategorias de distribuição, decompostas em dois grupos: 1) serviço público ou institucional – canais ligados ao governo (postos de saúde, escolar, presídios); 2) serviços privados: redes de *fast-food*, bares, restaurantes comerciais, hotéis, empresas de refeições coletivas (Abia, 2015). Em hospitais, a aceitação do serviço de alimentação, chamado de *nutrição e dietética*, destina-se a suprir as necessidades nutricionais do paciente, contribuindo para a recuperação dele. O ambiente hospitalar frequentemente influencia negativamente a aceitação da dieta pelos pacientes, por ser padronizado e impessoal na forma de preparo e apresentação. Nesse sentido, é importante visualizar, no Quadro 3.7, os níveis de atuação do nutricionista na acreditação hospitalar.

Quadro 3.7 – Níveis para atuação e formação em nutrição na acreditação hospitalar

	Descrição	Itens de orientação
Nível 1	O serviço conta com profissionais habilitados para o desenvolvimento das atividades de nutrição e dietética e dispõe de estrutura que permite a execução das tarefas específicas relacionadas com o serviço.	◆ Responsável técnico habilitado. ◆ Dietas básicas para as patologias de maior prevalência na organização, com prescrições dietéticas e cardápios diários. ◆ Sistema de controle de recebimento e manutenção dos alimentos perecíveis ou não perecíveis. ◆ Local especial para o preparo de fórmulas lácteas e normas específicas sobre o modo de preparação das diferentes dietas. ◆ Área física dividida em área de pré-preparo (área fria) e área de preparo e cocção (área quente). ◆ Equipamentos e instalações adequados aos procedimentos de nutrição e dietética. ◆ Programa de manutenção preventiva dos equipamentos. ◆ Condições de higiene e manutenção do ambiente. ◆ Sistematização e controle das atividades de higienização, desratização e dedetização do setor. ◆ Precauções padrão e rotinas de controle de infecção. ◆ Condições de lavagem simples e antissepsia das mãos.

(continua)

(Quadro 3.7 – conclusão)

Descrição	Itens de orientação
Nível 2 Existem manuais de normas, rotinas e procedimentos documentados, atualizados e disponíveis. O serviço dispõe de estatísticas básicas; possui programa de educação e treinamento voltado para a melhoria de processo e para a prevenção de acidentes; evidências de integração com os outros serviços da organização.	♦ Manuais de normas, rotinas e procedimentos documentados, atualizados e disponíveis. ♦ Sistemática de visita da nutricionista aos clientes/pacientes, quando da internação destes. ♦ Acompanhamento da evolução nutricional do paciente. ♦ Sistema de documentação e registros correspondentes aos procedimentos de nutrição e dietética. ♦ Programa de educação e treinamento continuado. ♦ Grupos para a melhoria de processos e integração institucional. ♦ Procedimentos de orientação ao cliente/paciente. ♦ Procedimentos voltados para a continuidade de cuidados ao cliente/paciente e seguimento de casos.
Nível 3 Sistema de aferição da satisfação dos clientes (internos e externos); programa institucional da qualidade e produtividade, com evidências de ciclos de melhoria; dispõe de sistemas de informação com dados, taxas e indicadores que permitem a avaliação do serviço e a comparação com referenciais adequados.	♦ Sistemas de planejamento e melhoria contínua em termos de estrutura, novas tecnologias, atualização técnico-profissional, ações assistenciais e procedimentos. ♦ Ciclos de melhoria com impacto sistêmico. ♦ Sistema de informação baseado em taxas e indicadores que permitem análises e comparações. ♦ Sistema de aferição da satisfação dos clientes (internos e externos).

Fonte: Elaborado com base em Brasil, 2010b.

208   **Acreditação hospitalar**

No serviço de alimentação, erros no atendimento ou falta de cortesia da copeira podem fazer com que um cardápio tecnicamente bem elaborado não tenha a prevista aceitação pelo paciente. Desse modo, "instrumentos que avaliem o nível de satisfação dos pacientes hospitalizados em relação ao serviço de alimentação podem oferecer subsídios para melhorar a qualidade do serviço" (Morimoto; Paladini, 2009, p. 330). O atendimento satisfatório ao paciente em suas necessidades alimentares é o foco da política de qualidade nutricional hospitalar. A alimentação adequada juntamente com os cuidados técnicos, atendendo normativas nutricionais e higiênicosanitárias, além de aspectos psicossociais, cooperam para o sucesso do tratamento.

3.1.7 Segurança, manutenção, central de materiais e esterilização

A política de atendimento de um hospital deve focar as necessidades e a segurança de seus clientes. Para o corpo assistencial e funcional, a gestão da qualidade e a segurança do paciente devem ser incorporadas como uma cultura que opera em consonância com a missão, a visão e os valores da instituição. Uma sugestão interessante é a criação de um Comitê de Qualidade e Segurança do Paciente para promover ações de gerenciamento de riscos e qualidade na assistência. Esse comitê poderá auxiliar ainda na transparência dos processos internos, realizando o acompanhamento das ações planejadas e medidas preventivas/ corretivas, se necessário.

Devido à magnitude da problemática dos resultados negativos da assistência em saúde, a segurança do paciente se coloca como "um dos maiores desafios para os serviços de saúde, e todo este contexto tem mobilizado o mundo na busca por estratégias

que assegurem uma assistência em saúde de qualidade e segura."
(Milagres, 2015, p. 16).

Nesse contexto, foi criada a Aliança Mundial para Segurança do Paciente (AMSP) com a finalidade de socializar saberes e soluções, "conscientizar e conquistar o compromisso político, lançando programas, gerando alertas sobre aspectos sistêmicos e técnicos e realizando campanhas internacionais que reúnam recomendações destinadas a garantir a segurança dos pacientes ao redor do mundo" (Anvisa, 2011, p. 4). Para a efetivação do Programa de Segurança do Paciente, a OMS estabeleceu 13 áreas de ação, explicadas no Quadro 3.8 a seguir.

Quadro 3.8 – Áreas de ação do Programa de Segurança do Paciente da OMS

Área de ação	Descrição
1. O desafio global para a segurança do paciente	Comprometimento e ações em segurança do paciente para a diminuição de riscos. Em 2005 ocorreu o primeiro Desafio Global para a Segurança do Paciente, sobre prevenção e redução de infecções – tema "Uma Assistência Limpa é uma Assistência mais Segura". O segundo Desafio Global em 2007 teve como foco a segurança cirúrgica – tema "Cirurgias Seguras salvam Vidas".
2. Pacientes pela segurança do paciente	Garantia de que a voz do paciente seja o centro do movimento pela saúde do paciente em todo o mundo, buscando sua satisfação com um atendimento com excelência.
3. Pesquisa em segurança do paciente	Pesquisas intra e interinstitucionais para o conhecimento da natureza do dano ao paciente e a produção de ferramentas de prevenção e correção.
4. Taxonomia internacional para segurança do paciente	Criação de um sistema internacionalmente aceito de classificação da informação em segurança do paciente, possibilitando aprendizado global efetivo.

(continua)

210   Acreditação hospitalar

(Quadro 3.8 – conclusão)

Área de ação	Descrição
5. Relato e aprendizagem	Veiculação de ferramentas valiosas de notificação, análise, investigação e abordagens que identificam fontes e causas de riscos, propiciando ações de aprendizado e prevenção.
6. Soluções para segurança do paciente	Intervenções e ações práticas para prevenção de erros de processos e de dano ao paciente.
7. *High* 5S	Definição de boas práticas para mudança organizacional, clínica e de equipe, como: cuidados no preparo de soluções com eletrólitos; controle da medicação nas transições de cuidado; realização de procedimentos corretos nos sítios corretos; prevenção de falhas de comunicação durante a passagem de plantão; prevenção e redução de Infecção Relacionada à Assistência à Saúde (Iras).
8. Tecnologia para segurança do paciente	Utilização de novas tecnologias para promoção da segurança do paciente.
9. Gerenciamento do conhecimento	Armazenamento e compartilhamento de conhecimentos sobre a evolução mundial da segurança do paciente.
10. Eliminação de infecção da corrente sanguínea associada a cateter central	Esforço concentrado no mundo todo para capacitação, prevenção, controle e eliminação desse tipo de infecção em serviços de saúde.
11. Educação para cuidado seguro	Produção de guias curriculares sobre segurança do paciente para estudantes de cursos técnicos e superiores na área da saúde.
12. Prêmio de segurança	Entrega de prêmios internacionais de excelência no campo da segurança do paciente como estratégia para mudanças no meio hospitalar e melhoria contínua nessa área.
13. *Checklists* para a área da saúde	Criação integrada de listas de verificação de segurança em serviços de saúde. Por exemplo: a implementação da lista de verificação de segurança cirúrgica auxiliou na diminuição da morbidade e mortalidade de pacientes, com a utilização de *checklists* de H1N1, risco de bactérias, parto seguro etc.

Fonte: Elaborado com base em Brasil, 2010b.

Na atualidade tornou-se uma prática corrente os serviços de saúde entenderem a qualidade como chave para cativar a confiança dos usuários de seus serviços, sendo as atividades de manutenção um componente importante para que os objetivos sejam alcançados. A qualidade dos cuidados de saúde depende das instalações e dos equipamentos hospitalares, que precisam funcionar impecavelmente, já que a maioria dos diagnósticos e tratamentos não ocorrem sem eles.

A expressão *manutenção* se origina do vocabulário militar com o sentido de manter os efetivos, os materiais e os suprimentos em um nível constante nas unidades de combate (Farinha, 1997). A gestão da manutenção em organizações de médio e grande porte objetiva a operacionalidade dos equipamentos, a economia dos recursos e a segurança dos ambientes e das pessoas.

Em instituições de saúde, onde é a vida que está em jogo e procedimentos rigorosos são executados, o foco da manutenção não está simplesmente em corrigir falhas, mas evitar seu aparecimento. Um hospital não será seguro, ágil e bem-sucedido em seus procedimentos sem uma sistemática adequada de manutenção de espaços e recursos. Assim como não há efetiva qualidade quando a segurança de práticas, acessos, materiais e sistemas for baixa. Para um adequado fluxo de manutenção são necessários o controle e o planejamento sobre as intervenções preventivas ou corretivas efetuadas junto a instalações e equipamentos. A manutenção hospitalar é estratégica e complexa e abrange muitas áreas do saber e profissionais especializados, indo desde a construção civil, geração de vapor, até os mais sofisticados equipamentos digitais.

Acreditação hospitalar

Considerando-se a variedade e as especificidades dos equipamentos de natureza médica, não é viável que na estrutura de pessoal responsável pelas instalações e pelos equipamentos haja todos os técnicos e peritos diferenciados por aparelhos e capacitação, uma vez que o encargo econômico seria muito mais elevado. Ainda mais ao levarmos em conta que a manutenção deve garantir o perfeito funcionamento dos equipamentos segundo os manuais dos fabricantes. Desse modo, a maior parte dos hospitais terceiriza a manutenção técnica dos equipamentos médicos mais sofisticados para empresas mediante contrato. A fiscalização, o acompanhamento e a avaliação são efetivados pelo setor de manutenção hospitalar. Essa prática de "subcontratação obriga o serviço de manutenção a fazer o controle dos diversos fornecedores externos, ou seja, fiscalizar os custos de mão de obra, deslocações e materiais aplicados, bem como avaliar a conformidade do serviço prestado." (Matos, 2010, p. 39-40).

Entre as vantagens da manutenção em instalações e equipamentos frutos de uma boa gestão, estão o crescimento da eficácia dos serviços técnicos, a disponibilidade dos equipamentos, a segurança, a qualidade do produto final, o funcionamento global da instituição e a diminuição de custos, erros, retrabalho e reclamações. Por meio do acompanhamento do ciclo de vida dos equipamentos, o setor de manutenção documenta dados essenciais para planejar períodos de parada, revisão ou substituição, importantes na elaboração do orçamento e das agendas dos diversos utilizadores.

A Central de Materiais e Esterilização (CME) pode ser definida como um setor de suporte à assistência em saúde que recebe "material sujo/contaminado e realiza a sua limpeza, descontaminação, preparo, esterilização, estocagem e distribuição desses artigos hospitalares a todas as unidades consumidoras do hospital, bem como preparo e esterilização de roupas da lavanderia." (Freire, 2012, p. 20).

A CME é um setor crítico para acreditação hospitalar porque quando apresenta não conformidades em sua estrutura física e processos, o impacto é direto em todos os níveis de atendimento em um hospital. No setor de saúde, as instituições que buscam acreditação geralmente estruturam projetos de forma empírica, resultando em processos lentos e onerosos, com objetivos imprecisos e, certas vezes, falta de compromisso dos envolvidos. Assim, é essencial a elaboração e o registro de acompanhamento de um modelo de gestão de saúde profissionalizado, amparado em literatura científica a fim de alcançar as metas do projeto proposto no tempo, escopo e orçamento definidos.

Os níveis para atuação em acreditação hospitalar para área de CME são apresentadas no quadro a seguir.

Quadro 3.9 – Níveis para atuação e formação na CME na acreditação hospitalar

	Descrição	Itens de orientação
Nível 1	O setor dispõe de área de circulação restrita, onde se realiza o preparo e a esterilização de todos os materiais, sob supervisão de pessoal habilitado; conta com equipamentos adequados ao modelo assistencial e a complexidade da organização; realiza controle biológico dos processos.	◆ Funcionários uniformizados, orientadados por um responsável técnico habilitado. ◆ Fluxo do processo de limpeza, desinfecção e esterilização. ◆ Monitoramento e registros de controle do ciclo de esterilização por lotes. ◆ Sistema de controle de estoque ou inventário de materiais. ◆ Condições operacionais e estruturais que atendam a todos os requisitos de segurança para o cliente interno e externo, conforme normas e regulamentos do serviço. ◆ Áreas diferenciadas e separadas por barreira física e integradas por mecanismos adequados de comunicação. ◆ Equipamentos e instalações adequados às necessidades. ◆ Programa de manutenção preventiva dos equipamentos. ◆ Condições de lavagem simples e antissepsia das mãos. ◆ Precauções, padrão e rotinas de controle de infecção.

(continua)

Educação permanente e capacitação dos segmentos profissionais na gestão da qualidade

(Quadro 3.9 – conclusão)

Descrição	Itens de orientação
Nível 2	O serviço dispõe de manuais de normas, rotinas e procedimentos documentados, atualizados e disponíveis, bem como estatísticas básicas; programa de educação e treinamento voltado para a melhoria de processos e para a prevenção de acidentes; evidências de integração com os outros serviços da organização.	◆ Manuais de normas, rotinas e procedimentos documentados, atualizados e disponíveis. ◆ Planejamento, controle dos ciclos de esterilização e rastreabilidade do processo. ◆ Sistema de análise crítica, melhoria técnica e de processos, controle de problemas e minimização de riscos. ◆ Programa de educação e treinamento continuado. ◆ Grupos de trabalho para a melhoria de processos e integração institucional. ◆ Procedimentos voltados para a continuidade de cuidados e seguimento de casos.
Nível 3	Integrado a programa institucional da qualidade e produtividade, dispõe de: indicadores operacionais e de serviço que permitem aferição de resultados e melhoria de processos; existe um sistema de análise crítica para a incorporação de novas tecnologias.	◆ Sistemas de planejamento e melhoria contínua em termos de estrutura, novas tecnologias, atualização técnico--profissional, ações assistenciais e procedimentos. ◆ Ciclos de melhoria com impacto sistêmico. ◆ Sistema de informação baseado em taxas e indicadores que permitem análises e comparações. ◆ Sistema de aferição da satisfação dos clientes (internos e externos).

Fonte: Elaborado com base em Brasil, 2010b.

Como consequência dos avanços cirúrgicos, da evolução da tecnologia na instituição hospitalar e do desenvolvimento de técnicas cada vez mais complexas, ocorreu o crescimento da necessidade de obtenção de materiais específicos e de centralização das atividades de limpeza, esterilização, guarda e distribuição desses materiais (Matos, 2010). Pelas normativas atuais de qualidade, o processamento adequado de materiais e equipamentos para saúde passa a depender de uma "CME centralizada, com estrutura física adequada, recursos tecnológicos e humanos capacitados, capazes de executar ações seguras baseadas em conhecimento científico atualizado" (Freire, 2012, p. 23). O ideal é que a CME esteja localizada próxima aos centros de armazenagem, como almoxarifado e lavanderia, com acesso fácil às unidades consumidoras como ambulatório, centro cirúrgico, pronto atendimento e Unidade de Terapia Intensiva (UTI).

3.2 Certificações importantes na área hospitalar

Nesta seção não pretendemos destrinchar com detalhes alguma certificação em especial, já que, conforme mapeamos no Capítulo 1, existem muitos programas de acreditação e o interesse ou enquadramento de cada hospital varia conforme as áreas de especialidade. Porém, ressaltamos que a certificação ONA e a NBR ISO 9001/2015 (ABNT, 2015) estão entre as mais perseguidas pelas organizações hospitalares, dada sua relevância e abrangência. Desse modo, a seguir destacaremos os detalhes desses dois selos de acreditação.

3.2.1 ONA

Se você conversar sobre acreditação hospitalar com profissionais da saúde é muito provável com o nome ONA surja no diálogo. E não é para menos, já que a ONA, além de ser a Organização Nacional de Acreditação, é a maior agência certificadora no Brasil.

Ela já foi abordada no Capítulo 1, porém cabe aqui detalharmos um pouco mais sobre o processo de certificação. Para compor a equipe de avaliadores que realizarão as auditorias, os avaliadores da ONA realizam o curso preparatório do Sistema Brasileiro de Acreditação (SBA). Após conclusão do curso é necessário que os avaliadores sejam aprovados no exame do SBA, obrigatório para o exercício da função e que precisa ser renovado de dois em dois anos. "Para coordenar a formação de especialistas no novo mercado que surge com a acreditação é criado o ONA Educare e os produtos decorrentes, como as publicações específicas, os cursos e os exames para a preparação dos avaliadores" (ONA, 2013).

A evolução do SBA permite que a acreditação se estenda para outros serviços, além dos hospitalares, agregando as áreas de Hemoterapia, Laboratorial, Nefrologia e Terapia Renal Substitutiva; Ambulatorial; de Pronto Atendimento, de Diagnóstico por Imagem, Radioterapia e Medicina Nuclear; de Assistência Domiciliar; Programas da Saúde e, mais recentemente, de Odontologia, além de serviços para a Saúde, como Dietoterapia, Processamento de Roupas, Esterilização e Reprocessamento de Materiais, e Farmácias de Manipulação. (ONA, 2013)

O processo de certificação da ONA se baseia nos indicadores padronizados para a gestão hospitalar, abrangendo, segundo Paiva (2006): 1) indicadores de ênfase nos usuários (avaliação da satisfação dos usuários); 2) indicadores com foco nos recursos humanos (absenteísmo, rotatividade, índice de frequência de acidentes de trabalho, hora de treinamento por trabalhador); 3) indicadores com foco nos pacientes (tempo de permanência, taxa de mortalidade, taxa mensal de cesarianas, índice de infecção hospitalar); 4) indicadores com foco na administração hospitalar (taxa de ocupação de leitos, margem líquida).

A organização prestadora de serviços de saúde (OPSS) manifesta interesse e se cadastrada na ONA para passar pela avaliação de acreditação, então solicita à ONA um diagnóstico organizacional, antes de solicitar a visita para a certificação. De acordo com Paim e Ciconelli (2007, p. 89), "Nesta visita diagnóstica os avaliadores irão desenvolver um relatório individual por setores", em que são avaliados os processos e os departamentos do hospital, tando próprios como terceirizados. Há três planos de avaliação nessa fase de diagnóstico, caracterizados a seguir:

- Nível 1: Segurança de estrutura física: requisitos baseados em leis da Vigilância Sanitária e do Ministério da Saúde;
- Nível 2: Organização dos processos (rotinas e registros);
- Nível 3: Práticas de excelência (taxas, indicadores econômicos, indicadores de desempenho e qualidade como satisfação do cliente, implantação de programa de qualidade e produtividade, avaliando o impacto no sistema).

Com exceção do nível 1, cada nível depende dos níveis anteriores, ou seja, para que a instituição receba o certificado de acreditação nível 2, deve cumprir juntamente as normas do nível 1. O mesmo vale para o nível 3, em que é preciso cumprir também os requisitos dos níveis 1 e 2. Após o diagnóstico a instituição se prepara para a avaliação de certificação, por meio de uma comissão de avaliação *in loco* composta por vários profissionais da área da saúde. "A certificação é válida por dois anos para os níveis 1 e 2 e por três anos para o nível 3. Após este período a instituição deverá solicitar um novo diagnóstico ou mesmo a reavaliação para a renovação do selo" (Paim; Ciconelli, 2007, p. 89).

O Manual Brasileiro de Acreditação Hospitalar editado pelo Ministério da Saúde (Brasil, 2010b) é um instrumento indispensável para a avaliação da qualidade institucional. É composto por seções e subseções. As primeiras versam sobre os serviços, os setores ou as unidades com características semelhantes para que a avaliação seja conduzida conforme uma consistência sistêmica. Já as segundas tratam do escopo de cada serviço, setor ou unidade conforme os níveis, do mais simples ao mais complexo. Todas as subseções têm o mesmo grau de importância no processo de avaliação. Cada uma delas tem determinados padrões para avaliar estrutura, processo e resultado em um serviço, setor ou unidade. Cada padrão é composto por uma definição e uma lista de itens de orientação que auxiliam na identificação do foco de avaliação. Os níveis descritos somente são alcançados quando o nível anterior for atingido.

Os padrões exigidos e verificados na avaliação são divididos por níveis 1, 2 e 3, com seus princípios norteadores e por padrões, sendo que cada padrão representa uma definição e uma lista de verificação que permite a identificação da sua necessidade e a concordância com o padrão estabelecido:

Nível 1*: Atende aos requisitos formais, técnicos e de estrutura para a sua atividade conforme legislação correspondente; identifica riscos específicos e os gerencia com foco na segurança. Princípio: Segurança.*

Nível 2*: Gerencia os processos e suas interações sistemicamente; estabelece sistemática de medição e avaliação dos processos; possui programa de educação e treinamento continuado, voltado para a melhoria de processos. Princípio: Organização (Processos).*

Nível 3*: Utiliza perspectivas de medição organizacional, alinhadas às estratégias e correlacionadas aos indicadores de desempenho dos processos; dispõe de sistemática de comparações com referenciais externos pertinentes, bem como evidências de tendência favorável para indicadores; apresenta inovações e melhorias implementadas, decorrentes do processo de análise-crítica. Princípio: Excelência na Gestão (Resultados).*

(Brasil, citado por Manzo; Brito; Corrêa, 2012, grifo do original)

Acreditação hospitalar

O processo de acreditação hospitalar acontece em fases que correspondem aos níveis inicial, intermediário e avançado, já descritos anteriormente, designados como: **acreditado** (nível 1), **acreditado pleno** (nível 2) e **acreditado com excelência** (nível 3). O quadro a seguir apresenta esses três níveis de acreditação.

Quadro 3.10 – Selos de acreditação ONA e seus níveis

Nível 1	ACREDITADO
	Selo de instituições que atendem aos critérios de segurança do paciente em todas as áreas de atividade, incluindo aspectos estruturais e assistenciais. Validade: 2 anos.
Nível 2	ACREDITADO PLENO
	Selo de instituições que além de atender aos critérios de segurança, apresenta gestão integrada, com processos ocorrendo de maneira fluida e plena comunicação entre as atividades. Validade: 2 anos.
Nível 3	ACREDITADO COM EXCELÊNCIA
	O princípio deste nível é a "excelência em gestão". Uma Organização ou Programa da Saúde Acreditado com excelência atende aos níveis 1 e 2, além dos requisitos específicos de nível 3. A instituição já deve demonstrar uma cultura organizacional de melhoria contínua com maturidade institucional. Validade: 3 anos.

Fonte: Elaborado com base em ONA, 2017a.

3.2.2 ISO 9001:2015

Na área de qualidade de gestão para organizações de qualquer tipo, as normas ISO (International Organization for Standardization – Organização Internacional de Normalização) são a maior referência para certificação de qualidade de processos, produtos e serviços, e por isso mesmo não poderiam ficar de fora da exposição deste livro, ainda mais considerando a recente atualização da ISO 9001 no final de 2015.

As normas ISO 9000 definem oito princípios de gestão da qualidade que podem conduzir a organização em direção à melhoria do desempenho, conforme apresentado no Quadro 3.11 a seguir.

Quadro 3.11 – Princípios ISO de gestão da qualidade

Princípio	Escopo
1) Foco no cliente	Organizações dependem de seus clientes. Portanto, convém que atendam as necessidades atuais e futuras do cliente e procurem exceder as suas expectativas.
2) Liderança	Líderes estabelecem unidade de propósito e o rumo da organização. Convém que eles criem e mantenham o ambiente interno, no qual as pessoas possam estar totalmente envolvidas no propósito de atingir os objetivos da organização.
3) Envolvimento de pessoas	Pessoas de todos os níveis são a essência de uma organização, e seu total envolvimento possibilita que as suas habilidades sejam usadas para o benefício da organização.
4) Abordagem de processo	Um resultado desejado é alcançado mais eficientemente quando atividades e recursos são gerenciados como um processo.
5) Abordagem sistêmica para a gestão	Identificar, entender e gerenciar processos inter--relacionados como um sistema contribui para a eficácia e a eficiência da organização no alcance dos objetivos.
6) Melhoria contínua	Convém que a melhoria contínua do desempenho global da organização seja o objetivo permanente desta.

(continua)

222   **Acreditação hospitalar**

(Quadro 3.11 – conclusão)

Princípio	Escopo
7) Abordagem factual para tomada de decisão	Decisões eficazes são baseadas na análise de dados e informações.
8) Benefícios mútuos nas relações com os fornecedores	Uma organização e seus fornecedores são interdependentes, e uma relação de benefícios mútuos aumenta a habilidade de ambos em agregar valor.

Fonte: Elaborado com base em ABNT, 2015.

Esses princípios de gestão da qualidade formam a base para as normas de sistema de gestão da qualidade na família NBR ISO 9000. Atualmente o que mais se fala em notícias *on-line* sobre gestão da qualidade é na nova edição da ISO 9001 que saiu no final de 2015 (ABNT, 2015). Como a norma ISO 9001:2015 acabou de ser lançada e ainda não existem publicações a respeito, destacamos o texto a seguir para apresentar as principais mudanças e como elas impactam nas organizações e nos sistemas de gestão da qualidade:

*A principal referência quando se fala em qualidade nas empresas é a ISO 9001, um conjunto de normas que visa orientar a implementação e manutenção de um sistema de gestão da qualidade (SGQ). Criada em 1987, a **ISO 9001** sofreu pequenas alterações ao longo do tempo, visando apenas aclarar alguns pontos e tornar as normas mais compreensíveis para seus usuários (empresários, diretores, gerentes e técnicos). Contudo, desde 2012 vem sendo trabalhada uma mudança mais profunda na norma, que a coloque afinada com as exigências de um mercado cada vez mais competitivo e ágil.* (Fatos e Dados, 2015, grifo do original)

A primeira mudança perceptível na atualização da ISO 9001:2015 é a não obrigatoriedade do manual da qualidade, que antes era um documento obrigatório a ser mantido pela organização. Apesar dessa mudança, o manual continua sendo importante como repositório do conhecimento ao longo do processo de elaboração da política de qualidade. Essa foi uma decisão que polemizou o meio da gestão da qualidade. Alguns estudiosos temem que essa desobrigação resulte em processos mais pragmáticos sem a devida documentação e o registro das ações de qualidade.

Esses oito princípios ISO para gestão da qualidade recentemente passaram a ser sete, uma vez que os princípios 4 e 5 passaram a ser integrados, isto é, a abordagem de processo e a abordagem sistêmica vincularam-se em um mesmo princípio. Com a reformulação, a descrição de alguns princípios ficou mais clara e abrangente. É o caso, por exemplo, do princípio da gestão de relacionamento que substituiu o termo "relação mutuamente benéfica com fornecedores", permanecendo o sentido de benefício mútuo entre a organização e a cadeia de fornecedores e parceiros.

Na ISO 9001:2008 era descrita a função de representação, em que um responsável institucional respondia pelo sistema de gestão da qualidade. Já a versão 2015 deixa essa função descentralizada, ficando à cargo de lideranças da organização, o que auxilia na disseminação da cultura da gestão da qualidade. Outro ponto relevante está no fato de as reclamatórias de clientes, colaboradores ou fornecedores passarem a ser registradas e tratadas dentro do escopo do sistema de gestão da qualidade da ISO (Fatos e Dados, 2015).

Uma vantagem é que a comunicação se tornou mais importante para disseminar os valores e a cultura de gestão da qualidade. Assim, a organização deve compor um plano de comunicação para os ambientes interno e externo, no qual estejam estipuladas atribuições, responsabilidades e diretrizes de conduta (Fatos e Dados, 2015). As capacitações para formação em gestão da qualidade continuam sendo incentivadas para que se garanta a efetiva execução do sistema de gestão da qualidade e passam a compor uma estratégia ainda maior de gestão do conhecimento. Assim, a sustentabilidade da organização e seu desenvolvimento fundamentado podem ser garantidos.

Outra modificação refere-se aos registros e controles de documentos. Com a ISO 9001:2015, esse processo passa a ser entendido como *informação documentada*.

> *Como um dos princípios da qualidade passa a ser a **decisão baseada em informações**, nada mais natural do que substituir os controles e registros de documentos pelo termo "informação documentada", que também faz parte da **gestão do conhecimento** organizacional e facilita a tomada de decisão da empresa.* (Fatos e Dados, 2015, grifo do original)

Essas mudanças implementadas, entretanto, não contradizem os requisitos de instituições certificadas pela ISO 9001:2008. Basta que as organizações se adéquem à nova normativa dentro do escopo de atuação específico e solicitem nova avaliação para conversão do selo ISO 9001:2008 para ISO 9001:2015.

3.3 Educação permanente como base para o sucesso da acreditação hospitalar

Nas organizações de saúde, a educação permanente – também chamada de *educação corporativa*, representa – uma base formativa imprescindível para que a acreditação seja uma realidade durável. Para compreender como estruturar ações educativas com vistas à qualidade e à acreditação é importante compreender o conhecimento organizacional, a aprendizagem na organização e a importância de pesquisa e desenvolvimento, conforme apresentamos nos itens a seguir.

3.3.1 Compreendendo o conhecimento organizacional

Buscando compreender a abrangência, as implicações e a relevância do conhecimento organizacional é preciso distinguir duas concepções, uma que o percebe como objeto e outra como processo. Na prática, tal distinção é fundamental para aferir a natureza das ações e o tratamento dado ao conhecimento nas empresas, que acabam pendendo para uma das duas concepções. Na literatura, uma parte dos estudos trata o conhecimento como um objeto a ser produzido, adquirido, usufruído, ou seja, como um equipamento ou uma ferramenta de produção, sendo considerado, portanto, um ativo organizacional. Essa linha de análise preocupa-se em identificar e armazenar os ativos de conhecimento de uma organização, bem como em superar as barreiras que impeçam essas ações.

Nem todos os dados referentes ao conhecimento estão armazenados em papel ou eletronicamente. Na maioria das organizações, não há um registro oficial de conhecimento organizacional, e, quando há, na maioria das vezes ele se encontra fragmentado. O conhecimento pode estar armazenado em objetos, como em produtos de sucesso ou fracassados; em determinadas regras e procedimentos; ou ainda em práticas informais não descritas, como o modo de agir diante de uma nova função ou diante de uma mudança de departamento. Muitas vezes, esses conhecimentos não são considerados relevantes, mas podem ser úteis em outros contextos ou sob outras circunstâncias que ainda não existem. Assim, inventariar esse conhecimento utilizando-se do potencial das tecnologias de informação representa um grande ganho organizacional. Por meio dessas tecnologias, o conhecimento pode ser disponibilizado aos membros da organização, servindo como apoio a decisões e como histórico organizacional para fundamentar ações bem estruturadas em momentos oportunos.

Na perspectiva do conhecimento organizacional na condição de processo, a gestão do conhecimento pode ser entendida como um conjunto de ações que sistematiza uma base de conhecimento, operacionalizando-se em iniciativas de aprendizagem organizacional. McAdam e McCreedy (1999) apontam a função fundamental da construção do conhecimento no processo de gestão, na interface entre o paradigma científico (compreensão de fatos e princípios racionais) e o paradigma social.

As organizações são incapazes de funcionar com base na informação e no conhecimento, pois falham ao tentar descobrir informações e conhecimentos de que necessitam, além de não saber administrá-los. O que acontece é que as organizações afirmam estarem praticando a gestão do conhecimento, quando, na verdade, estão praticando a gestão estratégica da informação. Isso se deve ao fato de existir uma controvérsia acerca da terminologia da área de gestão do conhecimento. A emergência de organizações baseadas no conhecimento é latente, portanto, é necessário que sejam propostas bases conceituais ou arquiteturas organizacionais de um modelo de gestão para essas empresas. A seguir, a Figura 3.1 esclarece, por meio de mapa conceitual, as áreas, os conceitos, as associações e as atividades envolvidas no conhecimento organizacional e, consequentemente, na aprendizagem organizacional.

Figura 3.1 – Mapeamento conceitual integrativo

CONHECIMENTO E APRENDIZAGEM ORGANIZACIONAL

Relaciona-se às áreas de...
- Reengenharia
- Gestão da informação
- *Endomarketing*
- Gestão da qualidade
- Gerenciamento de processos
- Comércio eletrônico
- *Downsizing*

Engloba conceitos oriudos de...
- Finanças
- Tecnologia da informação (TI)
- Patrimonial
- Contabilidade
- Gestão estratégica

Associada aos conceitos de...
- Gestão de documentos
- Mapeamento de competências
- Compartilhamento de conhecimentos
- Gestão de competências

Envolve atividades como...
- Inteligência competitiva
- Memória organizacional
- Comunidade de prática
- Capital intelectual
- Criatividade e inovação
- Cultura organizacional

Fonte: Adaptado de Possolli, 2012, p. 97.

Para que a organização crie, compartilhe, gere e armazene o seu conhecimento de forma eficiente, é necessário que ela descubra algumas condições preparatórias, que Nonaka e Takeuchi (1997) chamam de *capacitadoras*. São elas: intenção; autonomia; flutuação e caos criativo; redundância; e variedade de requisitos (Quadro 3.12).

228   **Acreditação hospitalar**

Quadro 3.12 – Condições capacitadoras para a criação e a gestão do conhecimento

Categoria	Descrição
Intenção	As organizações devem estimular o compromisso de seus funcionários e formular as intenções organizacionais – em vez de confiar somente no pensamento e no comportamento do próprio indivíduo, a empresa pode reorientá-lo e promovê-lo por meio do compromisso coletivo.
Autonomia	Todos os membros de uma organização devem agir de forma autônoma, conforme as circunstâncias. Ao permitir essa autonomia, a organização amplia a chance de introduzir oportunidades de inovação.
Flutuação e caos criativo	Se as organizações adotam uma atitude aberta em relação aos sinais ambientais, elas podem explorar a ambiguidade, a redundância ou os ruídos desses sinais para aprimorar o seu próprio sistema de conhecimento. É preciso estimular o exercício de transformar o caos em oportunidades de mudanças positivas.
Redundância	O termo "redundância" pode soar mal devido às suas conotações, ao desperdício ou à superposição desnecessária de informações. A redundância, na verdade, é a existência de informações que transcendem as exigências operacionais de informações dos membros da organização. O compartilhamento de dados redundantes promove a conversão de conhecimentos tácitos, pois os indivíduos conseguem sentir o que os outros estão tentando expressar com mais facilidade e rapidez.
Variedade de requisitos	Os membros da empresa podem enfrentar muitas situações se possuírem uma variedade de requisitos, que pode ser aprimorada por meio do acesso e da combinação de informações. É importante ressaltar que todos os funcionários devem acessar a maior quantidade possível de informações.

Fonte: Adaptado de Nonaka; Takeuchi, citados por Farinelli, 2008, p. 39.

3.3.2 Conhecimento e aprendizagem organizacional

Buscar a contínua inovação por intermédio do desenvolvimento de novos processos e produtos, tecnologias avançadas, gestão da qualidade, diferenciação perante a concorrência, entre outras condutas, visa à garantia de altos níveis de eficácia, produtividade e satisfação nas organizações. Inovar demanda a constante construção de conhecimentos e a busca de habilitação tecnológica, ações essas que são efetivadas por práticas de aprendizagem organizacional. E a aprendizagem constante e significativa é o processo mais importante para a inovação tecnológica.

Aprendizagem organizacional é um processo de mudança, resultante de prática ou experiência. Aprender no ambiente organizacional envolve apreender acontecimentos e valores e crescer com situações passadas, refletindo sobre elas para guiar as ações futuras – assim, a aprendizagem organizacional é um processo constante de ação-reflexão-ação transformada (Possolli, 2012).

> *A aprendizagem organizacional tem como objetivo principal resultar em inovação, na qual as pessoas aprimoram continuamente suas capacidades, trabalhando juntas na investigação ou em assuntos de maior complexidade, visando a conscientizar-se para profundas modificações pessoais, em que possam questionar constantemente seus modelos mentais e criar ambientes seguros para que outras pessoas façam o mesmo.*
> (Tomaél; Alcará; Di Chiara, 2005, p. 99)

Organizações que aprendem desenvolvem a capacidade de construir, obter e repassar conhecimentos, além de alterar comportamentos. Garvin (citado por Tomaél; Alcará; Di Chiara, 2005) ressalta que essas organizações constroem habilidades para agir em cinco atividades básicas: "resolução sistemática de problemas, experimentação de novas abordagens, aprendizado com base na própria experiência e história passada, aprendizado por meio de experiências e melhores práticas de outros e a transferência do conhecimento de forma rápida e eficiente por toda a organização". Além disso, "têm dentro de si o embrião da aprendizagem e da inovação" (Esteves, citado por Tomaél; Alcará; Di Chiara; 2005, p. 100). Organizações que aprendem criam contextos favoráveis a criatividade, cooperação e pensamento crítico, em que se aprende coletivamente, identificando e extraindo o que há de mais promissor em cada profissional.

A equipe de trabalho, centro de uma organização que aprende, é composta por pessoas que constroem soluções para problemas, anseiam pelo novo, pelo desafio e desejam investir nos projetos da organização. Os atributos essenciais para a aprendizagem organizacional, que depois se materializam em ações de educação permanente, refletem em cinco disciplinas – 1) domínio pessoal; 2) modelos mentais; 3) visão compartilhada; 4) aprendizado em equipe; 5) pensamento sistêmico – que apoiam práticas de aprendizagem. Essas práticas possibilitam mudanças pessoais e a criação de novos conhecimentos e competências, assim como novas vivências e estágios de consciência (Senge, 1998).

*A primeira disciplina é o **domínio pessoal**. Significa aprender a expandir as capacidades pessoais para obter os resultados desejados e criar um ambiente empresarial que estimule todos os participantes a alcançar as metas escolhidas. A segunda disciplina, que chamo de **modelos mentais**, consiste em refletir, esclarecer continuamente e melhorar a imagem que cada um tem do mundo, a fim de verificar como moldar atos e decisões. A terceira disciplina, **visão compartilhada**, é estimular o engajamento do grupo em relação ao futuro que se procura criar e elaborar os princípios e as diretrizes que permitirão que esse futuro seja alcançado. A quarta disciplina, **aprendizado em equipe**, está em*

Educação permanente e capacitação dos segmentos profissionais na gestão da qualidade

transformar as aptidões coletivas ligadas a pensamento e comunica-
ção, de maneira que grupos de pessoas possam desenvolver inteligência
e capacidades maiores do que a soma dos talentos individuais. E final-
*mente a quinta disciplina, **pensamento sistêmico**, é criar uma forma*
de analisar e uma linguagem para descrever e compreender as forças
e inter-relações que modelam o comportamento dos sistemas. É essa
quinta disciplina que permite mudar os sistemas com maior eficácia
e agir mais de acordo com os processos do mundo natural e econômico.
(Senge, 1998, p. 2, grifo nosso)

Organizações que operam por meio dessa quinta disciplina realizam práticas de capacitação e aprimoramento de colaboradores, o que eleva sua capacidade de mudança e inovação. As práticas não são construídas ao acaso; dessa forma, o pensamento sistêmico organiza o processo de inovação. "Os canais e as redes por meio dos quais essas informações circulam estão inseridos em um contexto social, político e cultural. Eles são fortemente guiados e restringidos pela estrutura institucional" (OECD, citada por Tomaél; Alcará; Di Chiara, 2005, p. 102).

Os aspectos humanos, culturais e sociais são decisivos para que a aprendizagem aconteça eficientemente nas organizações, uma vez que interferem na fluidez da comunicação interna, nas interações informais no ambiente de trabalho, na colaboração entre profissionais e nos meios de transferência de habilidades e informações interna e externamente. Assim, evidenciamos que o modelo organizacional em rede seja o mais apropriado para a aprendizagem integrada com vistas à construção de conhecimentos e inovações. Van Aken e Weggeman (2000) destacam as estruturas em rede como mecanismos indispensáveis para: 1) a otimização de recursos organizacionais; 2) o incremento do potencial tecnológico na criação de inovações; 3) o aumento da capacitação de incorporação de *know-how*.

Acreditação hospitalar

A estrutura organizacional como ambiente em rede, em variados níveis e atuações, ajuda na flexibilização de relações interpessoais e na construção e socialização de saberes.

3.3.3 Pesquisa e desenvolvimento e educação permanente

Para gerar conhecimento e promover inovações, é primordial que a organização invista em pesquisa e desenvolvimento (P&D). A P&D abrange ações que "incluem o trabalho criativo levado a cabo de forma sistemática para aumentar o campo dos conhecimentos, incluindo o conhecimento do homem, da cultura e da sociedade, e a utilização desses conhecimentos para criar novas aplicações" (OECD, 2007, p. 43). Na contemporaneidade ocorreram alterações no enfoque, na temporalidade e no modo de organização. Estamos na terceira geração de P&D:

> *A primeira geração foi aquela na qual se considerou suficiente investir em sofisticados laboratórios e entregá-los a pesquisadores de grande inteligência e alta criatividade. A segunda geração foi aquela na qual se procurou orientar os esforços desses pesquisadores a partir de metodologias de gerenciamento de projetos. A terceira geração procura integrar todos esses componentes em termos da estratégia competitiva da empresa.*
> (Fleury; Fleury, 1995, p. 56)

De acordo com a Organização para a Cooperação e Desenvolvimento Econômico (OECD), a área de P&D integra três atividades: "Pesquisa Básica, Pesquisa Aplicada e Desenvolvimento Experimental", conforme apresenta o Quadro 3.13 (OECD, 2007).

Quadro 3.13 – Atividades englobadas pela P&D

Atividades	Descrição
Investigação ou pesquisa básica	Trabalhos experimentais ou teóricos iniciados principalmente para se obter novos conhecimentos sobre os fundamentos dos fenômenos e fatos observáveis, desconsiderando qualquer aplicação ou utilização particular. Normalmente, os resultados da investigação básica não se põem à venda, sendo publicados em revistas científicas ou divulgados diretamente a colegas interessados. Ocasionalmente, a divulgação dos resultados da investigação básica pode ser considerada "confidencial" por razões de segurança.
Investigação ou pesquisa aplicada	Engloba trabalhos originais realizados com o intuito de se adquirir novos conhecimentos. É dirigida fundamentalmente para um objetivo prático específico. Além disso, a investigação aplicada é realizada para determinar as utilizações possíveis dos resultados da investigação básica ou estabelecer novos métodos e formas de se alcançar objetivos específicos predeterminados. Esse tipo de investigação implica a consideração de todos os conhecimentos existentes e o seu aprofundamento, tendo em vista a resolução de problemas específicos.
Desenvolvimento experimental	Envolve trabalhos sistemáticos baseados nos conhecimentos existentes, obtidos pela investigação e/ou pela experiência prática. Dirige-se à produção de novos materiais, produtos ou dispositivos, à instalação de novos processos, sistemas e serviços, ou à melhoria substancial dos já existentes.

Fonte: Elaborado com base em OECD, 2007.

O estabelecimento de programas formais de P&D é uma das possibilidades para a geração de ideias inovadoras em uma organização. Organizações de grande porte desenvolvem ideias por meio de pesquisa e desenvolvimento formais, são as denominadas *fábricas de invenção.* Várias instituições mantêm a P&D em dois níveis: "no nível corporativo, através de laboratórios voltados às inovações radicais, e no nível das unidades de negócio, através de laboratórios voltados para inovações incrementais de curto prazo. Um programa formal de P&D não é a única forma de criar ideias inovadoras" (Geisler; Coral, 2008, p. 72).

Com relação às fases para a P&D, o Quadro 3.14 a seguir apresenta a descrição de cada uma delas.

Quadro 3.14 – Descrição das fases para a P&D

Tipos de pesquisa	Fases para a P&D
Investigação ou pesquisa básica	**Projeto** – Estabelecer objetivos e hipóteses.
	Execução – Testar hipóteses.
	Modelo – Avaliar e representar os resultados.
Investigação ou pesquisa aplicada	**Projeto** – Estabelecer metas e gerar questões norteadoras.
	Execução – Cumprir metas.
	Modelo – Avaliar e representar os resultados.
Desenvolvimento experimental	**Modelo** – Estabelecer metas e considerar especificações do modelo obtido na pesquisa aplicada.
	Construção – Cumprir metas.
	Protótipo – Avaliar e demonstrar os resultados, a partir dos quais o processo de construção do modelo pode ser otimizado.

Fonte: Adaptado de OECD, citada por Possolli, 2012, p. 119.

Além disso, a política de organização da P&D pode ser executada de forma centralizada, dispersa ou ainda na unidade de negócios. A forma centralizada aplica-se especialmente à pesquisa básica e aplicada às competências centrais, que são associadas a toda a gama dos produtos da organização. Esse tipo de pesquisa é considerado de natureza estratégica, por isso não se espera que ele apresente resultados em curto prazo. Já o modo disperso foca-se no desenvolvimento de produtos e processos. Os investimentos, nesse caso, são diretamente motivados pelo mercado; os resultados, em termos de lucros, são previstos para horizontes de tempo predefinidos. De maneira dispersa, o modo de operação em unidades de negócios concentra sua tecnologia em curso de desenvolvimento e no apoio técnico aos processos de produção, com tempo limitado (cerca de um ano) (Mattos; Guimarães, 2005).

É considerada *intramuros* a P&D que ocorre no interior da organização. Ela inclui ações que têm como objetivo contribuir para o desenvolvimento e a implementação de inovações de produto, de processo, de *marketing* ou organizacionais (OECD, 2007). Além disso, a P&D intramuros engloba a pesquisa básica – ainda que esta não esteja diretamente relacionada ao desenvolvimento de uma inovação específica – e a aquisição de bens de capital. A P&D extramuros pode significar a contratação de serviços de P&D de empresas especializadas ou parcerias com outras organizações. Há ainda os projetos cooperativos de P&D, quando ocorre o compartilhamento entre duas ou mais instituições na realização de pesquisas e desenvolvimento de serviços.

É fundamental para a caracterização de uma organização que aprende que a P&D, assim como a gestão do conhecimento, componham um programa institucional de educação permanente, levando em conta a infraestrutura, os saberes historicamente conquistados, as habilidades técnicas (individuais, grupais e coletivas), os protocolos de resolução de problemas, o planejamento estratégico e a cultura organizacional do hospital.

A educação permanente é – e não pode deixar de ser – intrinsecamente vinculada ao processo de gestão do conhecimento e da inovação hospitalar, uma vez que objetiva formar e desenvolver conhecimentos, habilidades e atitudes criativas, proativas e que levem a integração multidisciplinas de todas as áreas do hospital. Leite et al. (2001, p. 82-83) reiteram essa posição ao apontar que "Com a missão de propiciar o aprendizado contínuo, a EC [educação corporativa] oferece soluções de aprendizagem e compartilhamento de conhecimentos, atuando no sentido de que todos tenham as qualificações necessárias para sustentar os objetivos organizacionais.". Além disso, a educação corporativa favorece o desenvolvimento dos profissionais com a finalidade de

> *evitar que o profissional se desatualize técnica, cultural e profissionalmente, e perca sua capacidade de exercer a profissão com competência e eficiência, causando desprestígio à profissão, além do sentimento de incapacidade profissional. Educação Corporativa é, portanto, o conjunto de práticas educacionais planejadas para promover oportunidades de desenvolvimento do funcionário, com a finalidade de ajudá-lo a atuar mais efetiva e eficazmente na sua vida institucional. (Mundim, 2002, p. 63)*

A fim de se operacionalizar a mentalidade necessária para a efetivação da educação permanente deve haver um ambiente e cultura cujos princípios e valores disseminados sejam propícios a processos de aprendizagem ativos e contínuos de modo a despertar e estimular uma postura de autodesenvolvimento das pessoas. Além disso, a educação permanente representa uma importante evolução em relação aos departamentos de treinamento e qualificação tipicamente conduzidos por departamentos de recursos humanos, pois:

> *Visando desenvolver talentos para aumentar suas competências de competição, os antigos departamentos de T&D [treinamento e desenvolvimento] foram virando estruturas educacionais tão refinadas que adotaram o nome de universidades corporativas. Marcaram a chegada do quarto grau:*

a educação continuada, a cargo das empresas que sabem que a educação vira competência, vira qualidade, e finalmente se transforma em lucro e sucesso. (Fleury, 2002, p. 213)

Ao articular competências de pessoas e equipes de trabalho em um contexto mais amplo e aprofundado, a educação permanente mostra-se muito mais abrangente que o treinamento e a qualificação. Assim, é possível inferir que ações de educação permanente vinculam-se intensamente com a inovação organizacional, gerenciam os diferenciais competitivos e evidenciam os destaques no mercado e na sociedade. Nesse sentido tem ocorrido uma mudança de paradigmas em relação ao desenvolvimento de pessoas nas organizações, conforme sintetizado no esquema da Figura 3.2 a seguir.

Figura 3.2 – Desenvolvimento de pessoas nas organizações: mudança de paradigma

MUDANÇA DE PARADIGMA		
	Centro de treinamento ➔	Educação corporativa
OBJETIVO	Desenvolver habilidades	Desenvolver competências essenciais
FOCO	Aprendizado individual	Aprendizado organizacional
ESCOPO	Tático	Estratégico
ÊNFASE	Necessidades individuais	Estratégias de negócios
PÚBLICO	Interno	Interno e externo
LOCAL	Espaço real	Espaço real e virtual
RESULTADOS	Aumento de habilidades	Melhoria de resultados

Fonte: Adaptado de Meister, citado por Eboli, 2004.

A educação permanente integra diferentes públicos, internos ou externos, tais como: a alta direção, executivos e técnicos da organização, clientes, parceiros, fornecedores e até mesmo a sociedade. Leite et al. (2001, p. 87) reiteram que essa integração possibilita desenvolver "programas de educação continuada, como suporte à melhoria de resultados do negócio, ao aumento da competitividade da Organização e das equipes, bem como a respectiva construção de futuro". Essa integração ultrapassa os limites da organização.

O Quadro 3.15 apresenta a síntese das relações entre o público externo (clientes, parceiros, fornecedores e a sociedade) e a educação permanente.

Quadro 3.15 – Relação do público externo com a educação permanente hospitalar

Público	Relação com a educação permanente
Clientes	Compartilham dados, informações e ideias que envolvem a relação comercial. Além disso, o conhecimento sobre as áreas de atuação, as necessidades, os problemas e as expectativas dos clientes é fundamental para que a organização possa oferecer produtos e serviços adequados, atraentes e inovadores.
Parceiros	Compartilham interesses por informações e conhecimentos em função do desenvolvimento conjunto de projetos e serviços. Nesse sentido, pode ocorrer uma parceria de caráter impulsionador com instituições de ensino, visando tanto à experiência acadêmica e científica de um educador quanto ao usufruto do conhecimento desse profissional para o desenvolvimento de um perfil semelhante na empresa.

(continua)

Educação permanente e capacitação dos segmentos profissionais na gestão da qualidade

(Quadro 3.15 – conclusão)

Público	Relação com a educação permanente
Fornecedores	Transferem tecnologia, repassam dados, informações, ideias e experiências no formato de conteúdos, relativos aos seus produtos e serviços. Por outro lado, também precisam conhecer os requisitos, as expectativas e a área de atuação da organização contratante para que, assim, possam oferecer o conjunto de produtos mais adequado às suas demandas. Além disso, podem receber uma capacitação da educação permanente como subsídio para a melhoria da qualidade dos produtos e serviços fornecidos.
Sociedade	Contribui com o processo de melhoria contínua a partir de sua avaliação como usuária (consumidora) dos produtos e serviços da empresa. Essa avaliação estabelece as áreas que precisam ser aperfeiçoadas e, consequentemente, as competências institucionais que devem ser desenvolvidas ou aprimoradas.

Encerramos este capítulo reforçando a necessidade de que a gestão da qualidade e o desenvolvimento de um programa de educação permanente funcionem em conjunto. Conforme destacamos no detalhamento de cada segmento hospitalar abordado, os profissionais que interagem no ambiente hospitalar devem compor um todo coeso e articulado com vistas à qualidade e à acreditação, e isso somente se tornará real quando a educação permanente formar o profissional para realidade, para muito além de treinamentos e ações periódicas, mas como uma prática diária de compartilhamento e gestão do conhecimento organizacional.

Síntese

Neste capítulo salientamos que um programa de educação permanente deve ter seus eixos de ação e princípios fundamentados no planejamento estratégico e no perfil de uma organização que aprende. Para tanto, é necessário um cuidadoso diagnóstico das competências (individuais e institucionais) requeridas para cada área, bem como a implementação de programas de educação de acordo com tais competências. Além disso, a educação permanente deve ser coerente com o modelo de gestão adotado pela organização e parte integrante do planejamento estratégico da empresa.

Cada segmento profissional de um hospital, dentro de suas particularidades, trabalha dentro de metas e protocolos de qualidade, sem descuidar da dimensão coletiva e da indispensável articulação entre processos e setores. As certificações de qualidade ISO 9001:2015 e ONA acreditam a qualidade operacional, ética, humana, sanitária e técnica dos processos e serviços oferecidos em um hospital independentemente de seu porte ou áreas de especialidade. Para que essas certificações sejam alcançadas e mantidas de forma sustentável, a gestão do conhecimento por meio da educação permanente se mostrou não somente promissora, mas também imperativa.

Questões para revisão

1. A abordagem organizacional que embasa a gestão estratégica da qualidade na área da saúde contempla uma multiplicidade de questões que não podem ser enquadradas em um esquema prescritivo simplificado. Daí a relevância da mudança organizacional. Sobre essas questões, analise as sentenças a seguir:

   I) A resistência à mudança é muito mais recorrente do que a aceitação.

   II) Os gestores devem identificar a origem das resistências e lidar com elas de maneira diretiva e colegiada.

   III) A resistência ocorre somente quando as equipes não são unidas ou estão inseguras devido a uma formação deficitária.

Assinale a alternativa correta:

a) Somente a afirmativa I está correta.

b) Somente a afirmativa III está correta.

c) As afirmativas I e II estão corretas.

d) As afirmativas I, II e II estão corretas.

2. Para que os processos de qualidade resultem em certificação hospitalar e ocorram mudanças na estrutura organizacional, a equipe gestora e administrativa é indispensável. Alguns fatores relacionados à gestão podem conduzir à falta de êxito na implantação do processo de acreditação hospitalar. Analise alternativas a seguir e assinale a opção que **não** corresponde a um desses fatores:

a) Incentivos desvinculados de métricas claras que geram uma cultura organizacional com vícios e competição.

b) Falta de clareza quanto às atividades a serem desempenhadas no processo da qualidade.

c) Objetivos não consistentes com metas de qualidade e demandas sociais.

d) Deixar de focar a melhoria contínua na satisfação do cliente ao elaborar o plano de gestão da qualidade.

3. No que se refere aos indicadores de desempenho e modelos de avaliação médica da qualidade no processo de acreditação, alguns cuidados devem ser tomados para assegurar o correto julgamento da realidade do serviço hospitalar prestado. Quais são esses cuidados importantes na avaliação da qualidade de um serviço?

4. Por meio do Manual para Acreditação do Sistema de Qualidade de Laboratórios Clínicos foram acreditados mais de 60 laboratórios em todo território nacional. Cinco condições objetivas devem ser contempladas pelos laboratórios clínicos dentro do elenco de categorias avaliadas a serem cumpridas para a acreditação da qualidade institucional. Indique quais são essas cinco condições e como um programa de educação permanente focado na qualidade pode auxiliar que essas condições sejam alcançadas.

5. Para gerar conhecimentos e inovações é preciso investir em P&D. A área de P&D viabiliza soluções criativas sistematicamente para aumentar o aporte de saberes organizacionais, incluindo conhecimentos do homem, da saúde e da sociedade e o uso deles para criar novas aplicações. Sobre esses aspectos, analise as afirmativas que seguem:

   I) Para a produção de novos dispositivos ou serviços, atividades de desenvolvimento experimental envolvem trabalhos sistemáticos que têm como base conhecimentos e ações existentes.

   II) A pesquisa aplicada engloba trabalhos originais realizados com o intuito de se adquirir conhecimentos. É dirigida fundamentalmente para um objetivo prático específico.

   III) A pesquisa básica desenvolve trabalhos experimentais ou teóricos iniciados principalmente para se obter conhecimentos sobre os fundamentos dos fenômenos e fatos observáveis, desconsiderando qualquer aplicação ou utilização particular.

Agora, assinale a alternativa correta:

a) As afirmativas II e III estão corretas.
b) As afirmativas I e II estão corretas.
c) Somente a afirmativa II está correta.
d) Todas as afirmativas estão corretas.

Questão para reflexão

Vimos nesse capítulo que sistemas de gestão da qualidade são construídos com o objetivo de aprimorar de modo permanente o desempenho de organizações de saúde e assim atender com excelência os clientes. Para que transmitam credibilidade e satisfação aos clientes, os serviços precisam ser projetados mediante padrões adequados. Um laboratório de análises clínicas, por exemplo, busca acreditação a fim de garantir um grau elevado de eficária e segurança em seus processos.

Com base no exposto, destaque sete pontos que você considera fundamentais para a acreditação em laboratório e indique qual é a relação e a relevância deles no que se refere à acreditação hospitalar. Para auxiliar a produção desta atividade, sugerimos a leitura do artigo indicado a seguir:

FIGUEIREDO, A. C. de; PIRES, M. B. Um sistema de gestão da qualidade: a acreditação de um laboratório de análises clínicas. In: ENCONTRO NACIONAL DE ENGENHARIA DE PRODUÇÃO, 27., Foz do Iguaçu, 2007. **Anais**... Foz do Iguaçu, 2007. Disponível em: <http://www.abepro.org.br/biblioteca/enegep2007_TR580440_8847.pdf>. Acesso em: 29 mar. 2017.

Para saber mais

A seguir, indicamos duas obras que podem complementar os conteúdos trabalhados neste capítulo.

HOCK, D. **Nascimento da era caórdica**. São Paulo: Cultrix, 2000.

O autor da obra, Dee Hock, fundou e dirigiu a corporação de crédito Visa. Ele iniciou um modelo inovador de negócio em que a colaboração teve seus primeiros avanços, sendo pioneiro em compreender o que a era digital chama de *wiki*. Esse livro apresenta a história de criação da Visa Cartões, além de descrever a filosofia de trabalho de Hock, sua visão de liderança e suas inquietações a respeito do mundo corporativo.

POSSOLLI, G. E. **Gestão da inovação e do conhecimento**. Curitiba: InterSaberes, 2012. (Coleção Gestão Empresarial, v. 2).

A inovação e o conhecimento são conceitos fundamentais para a criação, o planejamento e o crescimento de qualquer organização e, portanto, devem ser incorporados à cultura e ações organizacionais, possibilitando a implementação de estratégias eficazes. Essa obra é uma leitura ideal para todos que buscam conhecimento e precisam de dicas para geri-lo e alavancar a inovação. A obra se divide em quatro partes principais: 1) bases conceituais: compreendendo a inovação; 2) o contexto problematizador que justifica a crescente necessidade de inovação na contemporaneidade; 3) abordagens e estratégias de gestão da inovação; e 4) gestão da inovação e desenvolvimento organizacional.

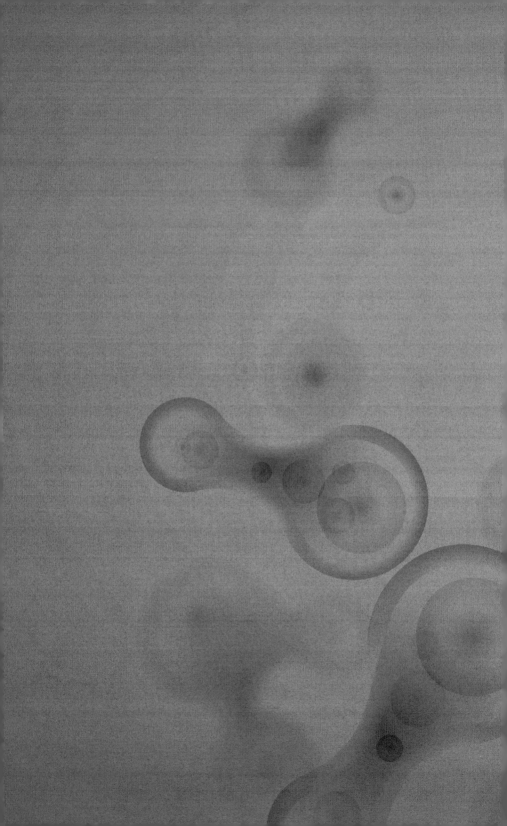

Para concluir...

Ao longo da argumentação desenvolvida neste livro um quarteto conceitual acompanhou toda a exposição ao longo dos assuntos: qualidade, auditoria, acreditação, educação permanente. São áreas interdependentes que precisam andar juntas estrategicamente no planejamento e nos projetos institucionais.

Na área da saúde a qualidade é um campo complexo que exige acompanhamento e formação constantes. A partir do estudo empreendido ao longo dos capítulos, podemos concluir que sete pilares fundamentais interagem para que a gestão de qualidade redunde em sucesso organizacional:

1. Eficácia: Habilidade da ciência médica em oferecer melhorias na saúde e no bem-estar dos indivíduos.

2. Efetividade: Relação entre o benefício real oferecido pelo sistema de saúde ou assistência e o resultado potencial, representado esquematicamente por uma fração, em que os estudos epidemiológicos e clínicos oferecem as informações e resultados para obter a resultante desta relação.

3. Eficiência: Relação entre o benefício oferecido pelo sistema de saúde ou assistência médica e seu custo econômico.

4. Otimização: Estabelecimento do ponto de equilíbrio relativo, em que o benefício é elevado ao máximo em relação ao seu custo econômico. Em termos gráficos, é o ponto de estabilização da curva de benefícios. Em outros termos, é a tentativa de evitar benefícios marginais a custos inaceitáveis, ou é a relação entre as necessidades reais de saúde (comprováveis epidemiologicamente) e o atendimento de cada uma delas pelo sistema de saúde.

5. Aceitabilidade: Adaptação dos cuidados médicos e da assistência à saúde a expectativas, desejos e valores dos pacientes e suas famílias. Esse atributo é composto por cinco conceitos: acessibilidade, relação médico-paciente, amenidades e preferências do paciente quanto aos efeitos e custos da assistência.

6. Legitimidade: Possibilidade de adaptar satisfatoriamente um serviço à comunidade ou à sociedade como um todo. Implica conformidade individual, satisfação e bem-estar da coletividade.

7. Equidade: Determinação da adequada e justa distribuição dos serviços e benefícios para todos os membros da comunidade, população ou sociedade.

O cenário de mudanças sociais impulsionadas pela globalização e revolução tecnológica introduziram novas demandas às organizações hospitalares, promovendo a criação de padrões de qualidade para atender a novos tempos. Cria-se um processo de gestão da qualidade entendido como um conjunto de predicados que incluem elevação da excelência profissional, minimização de riscos, eficiência de recursos, satisfação dos clientes e resultados progressivamente aprimorados em saúde. Acreditação hospitalar é um programa de avaliação de rotinas, práticas, recursos e infraestrutura institucionais, de forma periódica, voluntária e sistematizada. Inclui necessariamente a educação permanente dos profissionais, com a finalidade de assegurar a qualidade da assistência aos clientes.

A acreditação contempla dimensões: uma educativa e outra avaliativa. A primeira dimensão diz respeito à acreditação como um processo educacional, impulsionando a aquisição de conhecimento sobre qualidade por parte dos profissionais de saúde, o que contribui para uma gestão de excelência comprometida com a cultura da qualidade. A segunda dimensão entende a acreditação como processo de avaliação e certificação de qualidade para os serviços de saúde, a fim de atestar o desempenho do hospital mediante critérios e padrões estabelecidos previamente por órgãos competentes.

A implementação de um programa de acreditação hospitalar coopera para a ocorrência de transformações progressivas e controladas de práticas e procedimentos. Os profissionais são incentivados a participar de todo o processo – tanto na criação de metas quanto na avaliação de sua execução para garantir a elevação da qualidade da assistência prestada –, o que gera sensação de pertencimento e comprometimento com a qualidade. A existência de um movimento bem estruturado com vistas à qualidade organizacional no trabalho de cada profissional valoriza a humanização e os padrões éticos, oportuniza melhorias nas relações e corrobora para a satisfação e o atendimento adequados aos clientes. Nessa perspectiva, os profissionais da saúde se tornam o núcleo da política de qualidade, contribuindo fundamentalmente para a conquista e a manutenção da acreditação hospitalar.

Vimos que o conhecimento organizacional pode ser definido como o gerenciamento de atividades e processos baseados em conhecimento. Dessa forma, esse procedimento objetiva propiciar o melhor uso do conhecimento disponível, fomentar a geração de novos conhecimentos, elevar a competitividade e, por fim, criar um ambiente que possibilite que a criatividade e a inovação aconteçam de maneira efetiva. Mas como diferenciar o conhecimento organizacional como objeto e o conhecimento organizacional que é visto como um processo? A primeira linha de entendimento, que percebe o conhecimento como um objeto a ser produzido, adquirido e usufruído, considera-o um ativo organizacional. Já a outra linha, que concebe o conhecimento organizacional como um processo de produção de conhecimentos, defende que isso acontece por meio de um conjunto conectado de ações que se operacionalizam em iniciativas de aprendizagem organizacional.

Além disso, compreendemos que, para conceituar a gestão do conhecimento e as suas interrelações com a inovação, é necessário que reflitamos sobre os conceitos de dado, informação e conhecimento. O conhecimento pode ser visto como a combinação de informações e dados carregados de habilidades e experiências para a valorização dos ativos e apoio ao processo decisório, podendo ser explícito ou tácito e individual ou coletivo.

Diante de todos esses conceitos, pudemos averiguar que a gestão do conhecimento é um processo corporativo, focado na estratégia empresarial. Ela envolve aspectos como a aprendizagem organizacional, a inteligência empresarial, a educação permanente e a gestão das competências e do capital intelectual. A aprendizagem organizacional, que é efetivada por meio de ações de pesquisa e desenvolvimento e de educação permanente, é fundamental para o processo da gestão do conhecimento e inovação nas organizações, uma vez que possibilita a formação e o desenvolvimento de competências conhecimentos que promovam a criatividade. Dessa maneira, objetiva-se a melhora da qualidade dos produtos e/ou serviços, a conquista da fidelidade dos clientes e a ocupação de um lugar de destaque no mercado.

A jornada de reflexão e provocação para mudança iniciada aqui abre espaço para leituras, projetos e conversas sobre qualidade. Com certeza você terá uma percepção diferente sempre que ouvir falar sobre qualidade em saúde, processos de auditoria, hospitais certificados por instituições acreditadoras e educação permanente, pois saberá observar detalhes e fazer análises mais aprofundadas quanto a seriedade e efetividade da proposta organizacional.

Lista de siglas

AIH – Autorização de Internação Hospitalar

AMSP – Aliança Mundial para a Segurança do Paciente

ANS – Agência Nacional de Saúde Suplementar

Anvisa – Agência Nacional de Vigilância Sanitária

APQC – American Productivity and Quality Center

ASQC – Sociedade Americana para o Controle de Qualidade

Audibra – Instituto de Auditoria Interna do Brasil

CBA – Consórcio Brasileiro de Acreditação

CCAH – Comissão Conjunta de Acreditação dos Hospitais

CE – Critérios de excelência

CGCRE – Coordenação Geral de Acreditação

CME – Central de Materiais e Esterilização

CNQPS – Comissão Nacional de Qualidade e Produtividade em Saúde

DICQ – Sistema Nacional de Acreditação

FNQ – Fundação Nacional da Qualidade

GIH – Guia de Internação Hospitalar

GQT – Gestão pela Qualidade Total

Ibracon – Instituto Brasileiro de Contadores

ISA – International Standards on Auditing

ISO – International Organization for Standardization

JCI – Joint Commission International

Juse – União Japonesa dos Cientístas e Engenheiros

MBA – Manual Brasileiro de Acreditação

OAC – Organismo de Avaliação da Conformidade

OMS – Organização Mundial da Saúde

ONA – Organização Nacional de Acreditação

Opas – Organização Pan-Americana de Saúde

OPSS – Organização prestadora de serviços de saúde

P&D – Pesquisa e desenvolvimento

PBQP – Programa Brasileiro de Qualidade e Produtividade

PDCA – *Plan, Do, Check, Act*

PGAQS – Programa de Garantia e Aprimoramento da Qualidade em Saúde

PPH – Programa de Padronização Hospitalar

SAS – Secretaria de Assistência à Saúde

SGQ – Sistema de Gestão da Qualidade

SBA – Sistema Brasileiro de Acreditação

SCQ – Sistema de Custos da Qualidade

SNA – Serviço Nacional de Auditoria

SUS – Sistema Único de Saúde

Referências

ABIA – Associação Brasileira das Indústrias da Alimentação. **Nutrição e dietética hospitalar.** Disponível em: <http://www. abia.org.br>. Acesso em: 29 mar. 2017.

ABNT – Associação Brasileira de Normas Técnicas. **ISO 9000**: sistemas de gestão da qualidade. Rio de Janeiro, 2000.

_____. **ISO 9001**: sistemas de gestão da qualidade. Rio de Janeiro, 2015.

ALBERT EINSTEIN – Sociedade Beneficente Israelita Brasileira **Manual Institucional**: Diretrizes de Conduta Ética. 20 out. 2015. Disponível em: <http://www.einstein.br/sobre-a-sociedade/ Paginas/codigo-de-conduta-etica.aspx>. Acesso em: 29 mar. 2017.

ALMEIDA, K.; BRAGA, A. L. **Certificações em hospitais**: uma garantia de melhora na gestão da qualidade? In: ENCONTRO NACIONAL DE ENGENHARIA DE PRODUÇÃO, 30., 2010, São Carlos. Disponível em: <http://docplayer.com.br/22163519-Certificacoes-em-hospitais-uma-garantia-de-melhora-na-gestao -da-qualidade.html>. Acesso em: 4 set. 2016.

ANVISA – Agência Nacional de Vigilância Sanitária. Acreditação: a busca pela qualidade nos serviços de saúde. **Revista Saúde Pública**, São Paulo, v. 38, n. 2, p. 335-336, 2004. Disponível em: <http://www.scielo.br/pdf/rsp/v38n2/19800.pdf>. Acesso em: 29 mar. 2017.

ANVISA – Agência Nacional de Vigilância Sanitária. Segurança do paciente e qualidade em serviços de saúde. **Boletim Informativo**, Brasília, v. 1, n. 1. p. 1-12, jan./ jul. 2011. Disponível em: <http://portal.anvisa.gov.br/ documents/33852/272031/Boletim+Seguran%C3%A7a+do+ Paciente+e+Qualidade+em+Servi%C3%A7os+de+Sa%C3%B Ade+n%C2%BA+01+Jan-Jul+de+2011/aa36fe6e-f5d5-46ae-9eb6-e93af520fafc>. Acesso em: 28 mar. 2017.

AQUINO, C. R. de.; GIAPONESI, A. L. L.; SANTOS, I. N. dos. Enfermagem e acreditação hospitalar. In: LEÃO, E. R. et al. (Org.). **Qualidade em saúde e indicadores como ferramenta de gestão**. São Caetano do Sul: Yendis, 2008. p. 15-25.

BASS, B. M. **Bass & Stogdill´s Handbook of Leadership**: Theory, Research, and Managerial Applications. 3. ed. New York: Free Press, 1990.

BATISTA, B. S. F. El desarrollo del Proceso de Acreditación de hospitales en Brasil. **Revista Itaes**, Buenos Aires, v. 1, n. 5, p. 15-28, 2000.

BENNIS, W. **A essência da liderança**. 11. ed. Rio de Janeiro: Sextante, 2004.

BERNARDES, A. et al. Os ruídos encontrados na construção de um modelo democrático e participativo de gestão hospitalar. **Ciência e Saúde Coletiva**, Rio de Janeiro, v. 12, n. 4, jul./ago. 2007. Disponível em: <http://www.redalyc.org/pdf/630/63012405.pdf>. Acesso em: 29 mar. 2017.

BERWICK, D. M. Aplicando o gerenciamento da qualidade nos serviços de saúde. In: BERWICK, D. M.; GODFREY, A. B.; ROESSNER, J. **Melhorando a qualidade dos serviços médicos, hospitalares e da saúde**. São Paulo: Makron Books, 1994. p. 18-27.

BEZERRA, C. S. **Programa de qualidade total em farmácia de hospital privado de Fortaleza**: relato de caso. Monografia (Especialista em Assistência Farmacêutica) – Escola de Saúde Pública do Ceará, Fortaleza, 2007. Disponível em: <http://www. esp.ce.gov.br/index.php?option=com_phocadownload&view=ca tegory&download=1205:programa-de-qualidade-total-em-farm cia-de-hospital-privado-de-fortaleza-relativo-de-caso&id=32:esp.- assistncia-farmacutica>. Acesso em: 29 mar. 2017.

BITTAR, O. J. N. V. Gestão de processos e certificação para qualidade em saúde. **Rev. Assoc. Med. Bras.**, São Paulo, v. 46, n. 1, p. 70-76, jan./mar. 2000. Disponível em: <http:// www.scielo.br/scielo.php?script=sci_arttext&pid=S0104- 42302000000100011&lng=en&nrm=iso>. Acesso em: 29 mar. 2017.

_____. **Hospitais**: administração da qualidade e acreditação de organizações complexas. 2. ed. Porto Alegre: Dacasa, 2015.

BITTAR, O. J. N. V.; QUINTO NETO, A. (Org.). **Hospitais**: administração da qualidade e acreditação de organizações complexas. Porto Alegre: Dacasa, 2004.

BOMFIN, D. F.; TRIVELLATO, L. P.; HASTENREITER, F. Aceitação e resistência ao processo de acreditação hospitalar sob a perspectiva dos profissionais que atuam em instituições hospitalares. **Revista Pensamento Contemporâneo em Administração**, Rio de Janeiro, v. 7, n. 2, p. 116-133, abr./jun. 2013. Disponível em: <http://www.uff.br/pae/index.php/pca/article/viewFile/206/181> Acesso em: 27 mar. 2017.

BONATO, V. L. **Gestão em saúde**: programas de qualidade em hospitais. São Paulo: Ícone, 2007.

BORBA, G. S.; NETO, F. J. K. Gestão hospitalar: identificação das práticas de aprendizagem existentes em hospitais. **Revista Saúde e Sociedade**, São Paulo, v. 17, n. 1, jan./mar. 2008. Disponível em: <http://www.scielo.br/scielo.php?script=sci_arttext&pid =S0104-12902008000100005>. Acesso em: 29 mar. 2017.

BOUCKAERT, G. Measuring Quality. In: POLLITT, C.; BOUCKAER, G. (Eds.). **Quality Improvements in European Public Services**. Londres: Sage, 2005. p. 20-28.

BRAND, A. F. et al. Atuação estratégica da área de gestão de pessoas em organizações de saúde: um estudo à luz da percepção dos profissionais da área. **Gestão & Regionalidade**, São Caetano do Sul, v. 24, n. 71, 2008. Disponível em: <http://seer.uscs.edu.br/ index.php/revista_gestao/article/viewFile/94/57>. Acesso em: 29 mar. 2017.

BRASIL. Constituição (1988). **Diário Oficial da União**, Brasília, DF, 5 out. 1988. Disponível em: <http://www.planalto.gov.br/ccivil_03/ constituicao/constituicao.htm>. Acesso em: 29 mar. 2017.

_____. Decreto n. 1.651, de 28 de setembro de 1995. **Diário Oficial da União**, Poder Executivo, Brasília, DF, 29 set. 1995. Disponível em: <http://www.planalto.gov.br/ccivil_03/decreto/1995/d1651. htm>. Acesso em: 29 mar. 2017.

_____. Decreto n. 7.508, de 28 de junho de 2011. **Diário Oficial da União**, Poder Executivo, Brasília, DF, 29 jun. 2011. Disponível em: <http://www.planalto.gov.br/ccivil_03/_ato2011-2014/2011/ decreto/D7508.htm>. Acesso em: 29 mar. 2017.

_____. Lei n. 4.728, de 14 de julho de 1965. **Diário Oficial da União**, Poder Legislativo, Brasília, DF, 16 jul. 1965. Disponível em: <http://www.planalto.gov.br/ccivil_03/leis/L4728.htm>. Acesso em: 29 mar. 2017.

BRASIL. Lei n. 8.078, de 11 de setembro de 1990. **Diário Oficial da União**, Poder Legislativo, Brasília, DF, 12 set. 1990a. Disponível em: <http://www.planalto.gov.br/ccivil_03/leis/L8078.htm>. Acesso em: 28 mar. 2017.

_____. Lei n. 8.080, de 19 de setembro de 1990. **Diário Oficial da União**, Poder Legislativo, Brasília, DF, 20 set. 1990b. Disponível em: <http://www.planalto.gov.br/ccivil_03/leis/L8080.htm>. Acesso em: 29 mar. 2017.

_____. Lei n. 9.656, de 3 de junho de 1998. **Diário Oficial da União**, Poder Legislativo, Brasília, DF, 4 jun. 1998a. Disponível em: <http://www.planalto.gov.br/ccivil_03/leis/L9656.htm>. Acesso em: 29 mar. 2017.

_____. Lei n. 9.659, de 9 de junho de 1998. **Diário Oficial da União**, Poder Legislativo, Brasília, DF, 10 jun. 1998b. Disponível em: <http://www.planalto.gov.br/ccivil_03/leis/L9659.htm>. Acesso em: 29 mar. 2017.

_____. Lei 9.961, de 28 de janeiro de 2000. **Diário Oficial da União**, Poder Legislativo, Brasília, DF, 29 jan. 2000. Disponível em: <http://www.planalto.gov.br/ccivil_03/leis/L9961.htm>. Acesso em: 29 mar. 2017.

_____. Lei n. 11.292, de 26 de abril de 2006. **Diário Oficial da União**, Poder Legislativo, Brasília, DF, 27 abr. 2006. Disponível em: <http://www.planalto.gov.br/ccivil_03/_ato2004-2006/2006/Lei/L11292.htm>. Acesso em: 29 mar. 2017.

BRASIL. Ministério da Educação. Portaria Interministerial n. 883 de 5 de julho de 2010. **Diário Oficial da União**, Brasília, DF, 6 jul. 2010a. Disponível em: <http://www.ebserh.gov.br/documents/15796/65717/portaria_rehuf.pdf/43686833-d346-489d-ab13-4a3a6b9cd075>. Acesso em: 4 abr. 2017.

BRASIL. Ministério da Saúde. Conselho Nacional de Saúde. Comissão Nacional de Ética em Pesquisa. Resolução n. 196, de 10 de outubro de 1996. **Diário Oficial da União**, Brasília, DF, 11 out. 1996. Disponível em: <http://conselho.saude.gov.br/web_comissoes/conep/aquivos/resolucoes/23_out_versao_final_196_ENCEP2012.pdf>. Acesso em: 29 mar. 2017.

BRASIL. Ministério da Saúde. Secretaria de Assistência à Saúde. **Manual brasileiro de acreditação hospitalar**: organizações prestadoras de serviços de saúde. Brasília: Ministério da Saúde, 2010b.

BRASIL. Ministério da Saúde. Serviço Nacional de Auditoria. **História de auditoria em saúde**. Disponível em: <http://sna.saude.gov.br/historia.cfm>. Acesso em: 29 mar. 2017.

BURCH, S. Sociedade da informação/Sociedade do conhecimento. In: AMBROSI, A.; PEUGEOT, V.; PIMIENTA, D. (Coord.). **Desafios de palavras**: enfoques multiculturais sobre as sociedades da informação. 2005. Disponível em: <http://vecam.org/archives/article519.html>. Acesso em: 29 mar. 2017.

CALEMAN, G.; SANCHEZ, M. C.; MOREIRA, M. L. **Auditoria, controle e programação de serviços de saúde**. São Paulo: Faculdade de Saúde Pública da Universidade de São Paulo, 1998. (Série Saúde & Cidadania, v. 1). Disponível em: <www.saude.mt.gov.br/arquivo/2952>. Acesso em: 29 mar. 2017.

CAMACHO, L. B.; RUBIN, H. R. Reliability of Medical Audit in Quality Assessment of Medical Care. **Cad. Saúde Pública**. Rio de Janeiro, v. 12, p. 85-93, jan. 1996. Disponível em: <http://www.scielosp.org/scielo.php?script=sci_arttext&pid=S0102-311X1996000600009> Acesso em: 28 mar. 2017.

CAMPOS, L. I.; GASTAL, F. L.; COUTO, R. C. **Impacto da implantação do sistema de gestão da qualidade em hospitais acreditados com excelência pelo Sistema Brasileiro de Acreditação.** Dissertação (Mestrado em Infectologia e Medicina Tropical) – Universidade Federal de Minas Gerais, Belo Horizonte, 2008.

CARPINETTI, L. C. R. **Gestão da qualidade:** conceitos e técnicas. São Paulo: Atlas, 2010.

CASTELAR, M. R.; MORDELET, P.; GRABOIS, V. **Gestão Hospitalar:** um desafio para o hospital brasileiro. Rennes: Imprensa Calligrafhy Print, 2003.

CFC – Conselho Federal de Contabilidade. Resolução n. 321, de 11 de maio de 1972. **Diário Oficial da União**, 14 abr. 1972. Disponível em: <http://www1.cfc.org.br/sisweb/SRE/docs/RES_321.pdf>. Acesso em: 29 mar. 2017.

CHIAVENATO, I. **Administração:** teoria, processo e prática. 5. ed. São Paulo: McGraw-Hill, 2014.

COSTA, C. B. da. **Auditoria financeira:** teoria e prática. 9. ed. Lisboa: Rei dos Livros, 2010.

COSTA, M. S. et al. Auditoria em enfermagem como estratégia de um marketing profissional. **Rev Bras Enferm.**, Brasília, v. 57, n. 4, p. 497-499, jul./ago. 2004. Disponível em: <http://www.scielo.br/pdf/reben/v57n4/v57n4a24.pdf>. Acesso em: 29 mar. 2017.

COSTA, N. R. O Banco Mundial e a política social nos anos 90: a agenda para reforma do setor saúde no Brasil. In: COSTA, N. S.; RIBEIRO, J. M. (Orgs.). **Política de saúde e inovação.** Rio de Janeiro: ENSP, 1996. p. 13-29.

CUNHA, K. C. **Gerenciamento na enfermagem:** novas práticas e competências. São Paulo: Martinari, 2005.

CURSOS ISO. **Faça uma degustação grátis com nosso e-book mudanças na Iso 9001:2015**. Disponível em: <http://www.cursosiso.com.br/iso9001-2015/e-book-iso-9001-2015.php>. Acesso em: 29 mar. 2017.

DELÁZARO FILHO, J. F. **Gestão da Qualidade no Brasil: setor de serviços**. São Paulo: Núcleo de Pesquisas e Publicações da Fundação Getúlio Vargas, 1998.

DIAS, A. T. B. B.; PIERI, R. Planejamento estratégico: mapa quantitativo de correlações. In: CONVIBRA – CONGRESSO VIRTUAL BRASILEIRO DE ADMINISTRAÇÃO, 6., 2009, São Paulo. **Anais**... Disponível em: <http://www.convibra.com.br/2009/artigos/153_0.pdf>. Acesso em: 29 mar. 2017.

DIAS-DA-COSTA, J. S. et al. Auditoria médica: programa pré-natal em serviço de saúde na região Sul do Brasil. **Rev. Saúde Pública**, São Paulo, v. 34, n. 4, ago. 2000. Disponível em: <http://www.scielo.br/scielo.php?script=sci_arttext&pid=S0034-89102000000400003>. Acesso em: 29 mar. 2017.

DICQ – Sistema Nacional de Acreditação. **Manual para acreditação do sistema de gestão da qualidade de laboratórios clínicos**. 6. ed. Rio de Janeiro: 2013. Disponível em: <http://acreditacao.org.br/wp-content/themes/dicq/pdfs/manual_dicq.pdf>. Acesso em: 28 mar. 2017.

DONABEDIAN, A. **Explorations in Quality Assessment and Monitoring the Criteria and Standards of Quality**. Ann Arbor: Health Administration Press, 1985.

_____. The Definition of Quality and Approaches to its Assessment: Explorations In: _____. **Quality Assessment and Monitoring**. v. 1. Ann Arbor: Health Administration Press, 1980.

DRUCKER, P. F. **Desafios gerenciais para o século XXI**. 2. ed. São Paulo: Pioneira, 1999.

DSS BRASIL – Determinantes Sociais da Saúde. **Declaração de Alma-Ata**, de 12 de setembro de 1978. Disponível em: <http://cmdss2011.org/site/wp-content/uploads/2011/07/Declara%C3%A7%C3%A3o-Alma-Ata.pdf>. Acesso em: 28 mar. 2017.

DUARTE, L. S. **Auditoria financeira**. Relatório de estágio (Mestrado em Gestão) – Faculdade de Economia da Universidade de Coimbra, Coimbra, 2010. Disponível em: <https://estudogeral.sib.uc.pt/bitstream/10316/14023/1/Relat%C3%B3rio%20Est%C3%A1gio%20Lara%20Duarte.pdf>. Acesso em: 29 mar. 2017

EDUARDO, M. B. de P. **Vigilância sanitária**. São Paulo: Faculdade de Saúde Pública da Universidade de São Paulo, 1998. (Série Saúde & Cidadania, v. 8.). Disponível em: <http://bvsms.saude.gov.br/bvs/publicacoes/saude_cidadania_volume08.pdf>. Acesso em: 28 mar. 2017.

EMÍDIO, L. et al. Acreditação hospitalar: estudo de casos no Brasil. **Perspectivas em Gestão & Conhecimento**, João Pessoa, v. 3, n. 1, p. 98-113, jan./jun. 2013. Disponível em: <http://periodicos.ufpb.br/ojs2/index.php/pgc/article/view/13822>. Acesso em: 28 mar. 2017.

ESTEVES, G. A. Administração, modelos organizacionais e a aprendizagem continuada como fato gerenciador da competitividade de projetos e produtos. **FABAVI em revista**, Vitória, v.1, n.1, jul./dez. 2002.

FARINELLI, F. **Internalizando e externalizando conhecimento em comunidades de prática virtuais: um estudo com profissionais de tecnologia da informação**. 146 f. Dissertação (Mestrado em Administração) – Faculdades Integradas de Pedro Leopoldo, Pedro Leopoldo, 2008. Disponível em: <http://www.fpl.edu.br/2013/media/pdfs/mestrado/dissertacoes_2008/dissertacao_fernanda_farinelli_2008.pdf>. Acesso em: 29 mar. 2017.

FARINHA, J. M. T. **Manutenção das instalações e equipamentos hospitalares**: uma abordagem terológica. Coimbra: Livraria Minerva, 1997.

FATOS E DADOS – Soluções em Gestão Empresarial. **ISO 9001:2015**: mudanças nos princípios de qualidade. 30 jun. 2015. Disponível em: <http://www.fatosedados.com.br/artigos/iso-90012015-mudancas-nos-principios-de-qualidade/>. Acesso em: 29 mar. 2017.

FEDOCE, R. S.; SQUIRRA, S. A tecnologia móvel e os potenciais da comunicação na educação. **Revista Logos**, v. 35, p. 267-278, 2011. Disponível em: <https://comtecpro.files.wordpress.com/2013/05/a-tecnologia-mc3b3vel-e-os-potenciais-da-comunicac3a7c3a3o-na-educac3a7c3a3o-com-rosangela-rev-logos-uerj-publicado2011.pdf>. Acesso em: 29 mar. 2017.

FELDMAN, L. B.; GATTO, M. A. F.; CUNHA, I. C. K. O. História da evolução da qualidade hospitalar: dos padrões a acreditação. **Acta Paul. Enferm.**, São Paulo, v. 18, n. 2, p. 213-219, jun. 2005. Disponível em: <http://www.scielo.br/pdf/ape/v18n2/a15v18n2.pdf>. Acesso em: 29 mar. 2017.

FESP – Federação das Unimeds do Estado de São Paulo. **Manual de auditoria médica e enfermagem**. 2. ed. São Paulo: Fesp, 1999.

FIOCRUZ – Fundação Oswaldo Cruz. Disponível em: <http://www.fiocruz.br>. Acesso em: 29 mar. 2017.

FLEURY, A. C. C.; FLEURY, M. T. L. **Aprendizagem e inovação organizacional**: as experiências de Japão, Coréia e Brasil. São Paulo: Atlas, 1995.

FLEURY, M. T. L. (Coord.). **As pessoas na organização**. 3. ed. São Paulo: Gente, 2002.

FNQ – Fundação Nacional da Qualidade. **Cadernos de excelência**: processos. São Paulo: FNQ, 2008.

FNQ – Fundação Nacional da Qualidade. **Modelo de Excelência da Gestão (MEG)**: guia de referência de excelência da gestão. São Paulo: FNQ, 2016. Disponível em: <https://www.fnq.org.br/guia_referencia_MEG_21_abril_16.pdf>. Acesso em: 29 mar. 2017.

_____. **Modelo de Excelência da Gestão**: um guia de referência da gestão para excelência. 2015. Disponível em: <http://www.fnq.org.br/aprenda/metodologia-meg/modelo-de-excelencia-da-ges tao>. Acesso em: 29 mar. 2017

FOGUEL, S.; SOUZA, C. C. **Desenvolvimento organizacional**. 2. ed. São Paulo: Atlas, 1995.

FOUCAULT, M. O nascimento do hospital. In: _____. **Microfísica do poder**. Rio de Janeiro: Graal, 1981. p. 99-111.

FRANCO, A. A. D.; REIS, J. A. G. O papel da auditoria interna nas empresas. In: ENCONTRO LATINO AMERICANO DE INICIAÇÃO CIENTÍFICA e ENCONTRO LATINO AMERICANO DE PÓS-GRADUAÇÃO, 8. e 4., 2004, São José dos Campos. **Anais...** São José dos Campos: Univap, 2004.

FREIRE, E. M. R. **Gerenciamento de projetos como ferramenta de auxílio em gestão da qualidade em uma central de materiais e esterilização**. 107 f. Dissertação (Mestrado em Enfermagem) – Universidade Federal de Alfenas, Alfenas, 2012. Disponível em: <https://bdtd.unifal-mg.edu.br:8443/bitstream/tede/316/5/Disserta%C3%A7%C3%A3o%20de%20Elana%20Maria%20Ramos%20Freire.pdf>. Acesso em: 29 mar. 2017.

GARVIN, D. A. Building a Learning Organization. **Harvard Business Review**, Boston, v. 71, n. 4, p. 78-91, July/Aug. 1993. Disponível em: <https://hbr.org/1993/07/building-a-learning-organization>. Acesso em: 29 mar. 2017.

_____. **Gerenciando a qualidade**: a visão estratégica e competitiva. São Paulo: Qualitymark, 1992.

GARVIN, D. et al. Aprender a aprender. **HSM Management**, São Paulo, n. 9, p. 58-64, jul./ago. 1998.

GEISLER, L.; CORAL, E. **Organização para a inovação**. São Paulo: Atlas, 2008.

GONÇALVES, E. L. **Gestão hospitalar**: administrando o hospital moderno. São Paulo: Saraiva, 2006.

GRÖNROSS, C. **Marketing**: gerenciamento e serviços; competição por serviços na hora da verdade. Rio de Janeiro: Campus, 2003.

GURGEL JÚNIOR, G. D.; VIEIRA, M. M. F. Qualidade total e administração hospitalar: explorando disjunções conceituais. **Ciência & Saúde Coletiva**, v. 7, n. 2, p. 325-334, 2002. Disponível em: <http://scielo.br/pdf/csc/v7n2/10251.pdf>. Acesso em: 29 mar. 2017.

HADDAD, M. C. L. **Qualidade da assistência de enfermagem**: o processo de avaliação em hospital universitário público. 250 f. Tese (Doutorado em Enfermagem) – Escola de Enfermagem de Ribeirão Preto, Universidade de São Paulo, Ribeirão Preto, 2004. Disponível em: <http://www.teses.usp.br/teses/disponiveis/22/22132/tde-25112004-100935/publico/doutorado.pdf>. Acesso em: 28 mar. 2017.

HOUAISS, A.; VILLAR, M. S. **Dicionário eletrônico Houaiss da língua portuguesa**. Rio de Janeiro: Instituto Antônio Houaiss; Objetiva, 2009. 1 CD-ROM.

INMETRO – Instituto Nacional de Metrologia. **O que é acreditação**. 2012. Disponível em: <http://www.inmetro.gov.br/credenciamento/oqe_acre.asp>. Acesso em: 28 mar. 2017.

JORDÃO, S. D. **A arte de liderar**: vivenciando mudanças num mundo globalizado. Belo Horizonte: Tecer Liderança, 2004.

JORGE, M. J.; CARVALHO, F. A. de; SALES, P. R. de. Determinantes organizacionais do ambiente hospitalar: uma análise empírica usando microdados sobre conformidade segundo o modelo da acreditação hospitalar. **RAHIS – Revista da Administração Hospitalar e Inovação em Saúde**, Sabará, v. 11, n. 1, p. 68-82, jan./mar. 2014. Disponível em: <https://lapecos. ipec.fiocruz.br/pdf/Determinantes%20Organizacionais%20 do%20Ambiente%20Hospitalar-uma%20An%C3%A1lise%20 Emp%C3%ADrica%20Usando%20Microdados%20 Sobre%20Conformidade%20Segundo%20Modelo%20 Acredita%C3%A7%C3%A3o%20Hospitalar.pdf>. Acesso em: 28 mar. 2017.

JURAN, J. M. **Juran na liderança pela qualidade**: um guia para executivos. 3. ed. São Paulo, Pioneira, 1998.

KURCGANT, P. **Administração em enfermagem**. São Paulo: EPU, 2005.

LABBADIA, L. L. et al. O processo de acreditação hospitalar e a participação da enfermeira. **Rev. Enferm UERJ**, Rio de Janeiro, v. 12, p. 83-87, 2004. Disponível em: <http://www.facenf.uerj.br/ v12n1/v12n1a14.pdf>. Acesso em: 29 mar. 2017.

LARA, A. R. de. **A importância da auditoria de prontuários e de educação continuada em uma instituição hospitalar**. 51 f. Monografia (Especialização em Administração Hospitalar com ênfase em Auditoria) – Universidade Castelo Branco, Campinas, 2010.

LEITE, E. D. et al. O Serpro e a educação corporativa. In: SANTOS, A. R. et al. (Org.). **Gestão do conhecimento**: uma experiência para o sucesso empresarial. Curitiba: Champagnat, 2001. p. 81-102.

LIMA, H. de O. **A aplicação da acreditação aos hospitais do programa de fortalecimento e melhoria da qualidade dos hospitais do SUS/MG PRO-HOSP.** 85 f. Dissertação (Mestrado em Gestão de Serviços de Saúde) – ISCTE Business School; Instituto Universitário de Lisboa, Lisboa, 2010. Disponível em: <http://www.ufjf.br/oliveira_junior/files/2009/06/LIMA-2010.pdf>. Acesso em: 29 mar. 2017.

LOVERDOS, A. **Auditoria e análise de contas médico-hospitalares.** 3. ed. São Paulo: STS, 2003.

MACHADO JÚNIOR, J. A.; ROTONDARO, R. G. Mensuração da qualidade de serviços: um estudo de caso na indústria de serviços bancários. **Gestão & Produção**, São Carlos, v. 10, n. 2, p. 217-230, ago. 2003. Disponível em: <http://www.scielo.br/pdf/%0D/gp/v10n2/a07v10n2.pdf>. Acesso em: 27 mar. 2017.

MALIK, A. M. O caminho da acreditação no país: por que até 2014 gestores hospitalares relutam em adotar a metodologia de avaliação externa? **Melhores Práticas**, n. 15, p. 20-21, 2015. Disponível em: <http://gvsaude.fgv.br/sites/gvsaude.fgv.br/files/revista_melhores_praticas_15.pdf> Acesso em: 29 mar. 2017.

MALIK, A. M.; TELLES, J. P. Hospitais e programas de qualidade no Estado de São Paulo. **RAE – Revista de Administração de Empresas**, São Paulo, v. 41, n. 3, p. 51-59, jul./set. 2001. Disponível em: <http://www.scielo.br/pdf/rae/v41n3/v41n3a06.pdf>. Acesso em: 29 mar. 2017.

MANN, R.; KEHOE, D. An Evaluation of the Effects of Quality Improvement Activities on Business Performance. **International Journal of Quality & Reliability Management**, [S.l.], v. 11, n. 4, p. 29-44, Nov. 1994. Disponível em: <goo.gl/KEzcCM>. Acesso em: 27 mar. 2017.

MANZO, B. F. **O processo de acreditação hospitalar na perspectiva de profissionais de saúde**. 98 f. Dissertação (Mestrado em Enfermagem) – Escola de Enfermagem da Universidade Federal de Minas Gerais, Belo Horizonte, 2009. Disponível em: <http://www.enf.ufmg.br/pos/defesas/644M. PDF>. Acesso em: 29 mar. 2017.

MANZO, B. F.; BRITO, M. J. M.; CORRÊA, A. dos R. Implicações do processo de acreditação hospitalar no cotidiano de profissionais de saúde. **Revista da Escola de Enfermagem da USP**, São Paulo, v. 46, n. 2, abr. 2012. Disponível em: <http://www.scielo.br/scielo.php?script=sci_arttext&pi d=S0080-62342012000200017>. Acesso em: 29 mar. 2017.

MANZO, B. F. et al. A enfermagem no processo de acreditação hospitalar: atuação e implicações no cotidiano de trabalho. **Revista Latino-Americana de Enfermagem**, Ribeirão Preto, v. 20, n. 1, jan./fev. 2012. Disponível em: <http://www. scielo.br/scielo.php?pid=S010411692012000100020&script=sci_ arttext&tlng=pt>. Acesso em: 28 mar. 2017.

MARSHALL JÚNIOR, I. et al. **Gestão da qualidade**. 8. ed. Rio de Janeiro: FGV, 2006.

MARTINS, R. A.; COSTA NETO, P. L. de O. Indicadores de desempenho para a gestão pela qualidade total: uma proposta de sistematização. **Gestão & Produção**, São Carlos, v. 5, n. 3, p. 298-311, dez. 1998. Disponível em: <http://www.scielo.br/pdf/ gp/v5n3/a10v5n3.pdf>. Acesso em: 29 mar. 2017.

MATOS, D. C. **Práticas de gestão da qualidade no centro hospitalar de Coimbra**: estudo da manutenção hospitalar e do projecto de acreditação. Coimbra: Universidade de Coimbra, 2010. Disponível em: <https://estudogeral.sib.uc.pt/ bitstream/10316/13823/1/Relat%C3%B3rio_DanielaMatos_ Julho2010.pdf>. Acesso em: 29 mar. 2017.

MATTOS, J. C. de, TOLEDO. J. C. de. Custos da qualidade: diagnóstico nas empresas com certificação ISO 9000. **Gestão & Produção**, São Carlos, v. 5, n. 3, dez. 1998. Disponível em: <http://www.scielo.br/scielo.php?script=sci_arttext&pid=S0104-530X1998000300011>. Acesso em: 29 mar. 2017.

MATTOS, J. R. L. de; GUIMARÃES, L. dos S. **Gestão da tecnologia e inovação**: uma abordagem prática. São Paulo: Saraiva, 2005.

MCADAM, R.; MCCREEDY, S. The Process of Knowledge Management Within Organizations: a Critical Assessment of Both Theory and Practice. **Knowledge and Process Management**, Nottingham, v. 6, p. 101-113, June 1999.

MEDEIROS, U. V.; ANDRADE, J. M. V. **Guia de estudo de auditoria**. Apostila do curso de especialização em odontologia do trabalho. São Paulo: Faculdade de Odontologia São Leopoldo Mandic; Mundi Brasil, 2010.

MEDICI, A.C. Aspectos teóricos e conceituais do financiamento das políticas de saúde. In: PIOLA, S. F.; VIANNA, S. M. (Orgs.). **Economia da saúde**: conceito e contribuição para a gestão da Saúde. IPEA, Brasília, 1995. p. 23-68.

MELO, M. B. de; VAITSMAN, J. Auditoria e avaliação no Sistema Único de Saúde. **São Paulo em Perspectiva**, São Paulo, v. 22, n. 1, p. 152-64, jan./jun. 2008. Disponível em: <http://www.esp.mg.gov.br/wp-content/uploads/2009/04/Artigo-Auditoria1.pdf>. Acesso em: 29 mar. 2017.

MEZOMO, J. C. **Gestão da qualidade na saúde**: princípios básicos. Barueri: Manole, 2001.

MILAGRES, L. M. **Gestão de riscos para segurança do paciente**: o enfermeiro e a notificação dos eventos adversos. 100 f. Dissertação (Pós-graduação em Enfermagem) – Universidade Federal de Juiz de Fora, Juiz de Fora, 2015. Disponível em: <http://www.ufjf.br/pgenfermagem/files/2010/05/Disserta%C3%A7%C3%A3o-Lidiane-Miranda-Milagres.pdf>. Acesso em: 28 mar. 2017.

MILLS, C. A. **A auditoria da qualidade**: uma ferramenta para a avaliação constante e sistemática da manutenção da qualidade. São Paulo: Makron Books, 1994.

MINTZBERG H. A. **Adhocracia**. In: _____. Criando organizações eficazes: estruturas em cinco configurações. São Paulo: Atlas, 1995. p. 250-277.

MOORE, W. G.; HODGSON, D. The Joint Audit Approach. **The Internal Auditor**, [S.l.], p. 14-16, Aug. 1993.

MORIMOTO, I. M. I.; PALADINI, E. P. Determinantes da qualidade da alimentação na visão de pacientes hospitalizados. **O Mundo da Saúde**, São Paulo, v. 33, n. 3, p. 329-334, jul./set. 2009. Disponível em: <http://www.saocamilo-sp.br/pdf/mundo_saude/69/329a334.pdf>. Acesso em: 28 mar. 2017.

MOTTA, A. L. C. **Auditoria de enfermagem no processo de credenciamento**. São Paulo: Iátria; 2003.

MUNDIM, A. P. F. **Desenvolvimento de produtos e educação corporativa**. São Paulo: Atlas, 2002.

NOGUEIRA L. C. L. **Gerenciando pela qualidade total na saúde**. Belo Horizonte: EDG, 1999.

NONAKA, I.; TAKEUCHI, H. **Criação de conhecimento na empresa**: como as empresas japonesas geram a dinâmica da inovação. Rio de Janeiro: Campus, 1997.

NUNES, P. **Acreditação**: conceito de acreditação. 25 jul. 2015. Disponível em: <http://knoow.net/cienceconempr/gestao/acreditacao>. Acesso em: 27 mar. 2017.

O'REILLY, J. et al. Effects of Time Intervals and Tone Durations on Auditory Stream Segregation. **Perception & Psychophysics**, v. 62, n. 3, p. 626-636, 1990. Disponível em: <https://www.researchgate.net/publication/225528743_Effects_of_time_intervals_and_tone_durations_on_auditory_stream_segregation>. Acesso em: 29 mar. 2017.

OECD – Organização para a Cooperação e Desenvolvimento Econômico. **Manual de Frascati**: proposta de práticas exemplares para inquéritos sobre investigação e desenvolvimento experimental. Coimbra: [s.n.], 2007.

OLIVEIRA, J. A. R. **Curso prático de auditoria administrativa**. São Paulo: Saraiva, 2006.

OLIVEIRA, L. M. **Curso básico de auditoria**. São Paulo: Atlas, 2001.

OMS – Organização Mundial da Saúde. Departamento de Medicamentos Essenciais e Outros medicamentos. **A importância da farmacovigilância**. Brasília: Organização Pan-Americana de Saúde, 2005. (Monitoração da Segurança dos Medicamentos). Disponível em: <http://bvsms.saude.gov.br/bvs/publicacoes/importancia.pdf>. Acesso em: 28 mar. 2017.

ONA – Organização Nacional de Acreditação. **Acreditação**. Disponível em: <https://www.ona.org.br/Pagina/33/Acreditacao>. Acesso em: 29 mar. 2017a.

_____. **A ONA e a história da acreditação no Brasil**. 3 jul. 2013. Disponível em: <https://www.ona.org.br/Noticia/216/A-ONA-e-a-historia-da-acreditacao-no-Brasil>. Acesso em: 29 mar. 2017.

ONA – Organização Nacional de Acreditação. **O que é acreditação?** Disponível em: <https://www.ona.org.br/Pagina/27/O-que-e-Acreditacao>. Acesso em: 25 mar. 2017b.

_____. **Conheça a ONA**: a ONA. Disponível em: <https://www.ona.org.br/Pagina/20/A-ONA>. Acesso em: 28 mar. 2017c.

_____. **Histórico**. Disponível em: <https://www.ona.org.br/Pagina/23/Historico>. Acesso em: 28 mar. 2017d.

OPAS – Organização Pan-americana de Saúde. **Representação Brasil**. Disponível em: <http://www.opas.org.br>. Acesso em: 28 mar. 2017.

PAIM, C. da R. P.; CICONELLI, R. M. Auditoria de avaliação da qualidade dos serviços de saúde. **RAS**, São Paulo, v. 9, n. 36, jul./set., 2007. Disponível em: <http://www.institutoconscienciago.com.br/blog/wp-content/uploads/2012/11/Texto-Auditoria.pdf>. Acesso em: 29 mar. 2017.

PAIVA, S. M. A. de. **Qualidade da assistência hospitalar**: avaliação da satisfação dos usuários durante seu período de internação. 165 f. Tese (Doutorado em Enfermagem) – Escola de Enfermagem de Ribeirão Preto, Universidade de São Paulo, São Paulo, 2006. Disponível em <http://www.teses.usp.br/teses/disponiveis/83/83131/tde-13122006-145412/pt-br.php> Acesso em: 29 mar. 2017.

PALADINI, E. P. **Gestão da qualidade no processo**: a qualidade na produção de bens e serviços. 2. ed. São Paulo: Atlas, 1995.

PATERNO, D. Apresentação. In: LOVERDOS, A. **Auditoria e análise de contas médico-hospitalares**. São Paulo: STS, 1997.

PEIXOTO, V. G. **O processo de acreditação hospitalar na perspectiva dos profissionais de enfermagem de um hospital privado**. 85 f. Dissertação (Mestrado em Administração de Empresas) – Fundação Instituto Capixaba de Pesquisas em Contabilidades, Economia e Finanças, Vitória, 2013. Disponível em: <http://www.fucape.br/_public/producao_cientifica/8/Disserta%C3%A7%C3%A3o%20Virginia%20Garcia%20Peixoto.pdf>. Acesso em: 28 mar. 2013.

PEREIRA, A. A. **O papel do enfermeiro auditor na instituição hospitalar e no sistema de saúde suplementar**. Monografia (Pós-graduação em Auditoria e Gestão em Saúde) – Universidade Tuiuti do Paraná, Curitiba, 2010.

PEREIRA, L. L. GALVÃO, C. R, CHANES, M. **Administração hospitalar**: instrumentos para gestão profissional. São Paulo: Edições Loyola, 2005.

PEREIRA, L. L.; TAKAHASHI, R. T. Auditoria de enfermagem. In: KURCGANT, P. et al. **Administração em enfermagem**. São Paulo: EPU, 1991. p. 215-222.

PIEGAS, L. S. et al. Gerenciando dificuldades para acreditação hospitalar em hospital cardiovascular. In: PRÊMIO MÁRIO COVAS, São Paulo, 2007.

POSSOLLI, G. E. **Gestão da inovação e do conhecimento**. Curitiba: Intersaberes, 2012. (Coleção Gestão Empresarial, v. 2).

POSSOLLI, G. E.; HANNA, P. C. M. **Epistemologia**. Curitiba: IFPR, 2012.

QUINTO NETO, A. **A busca da qualidade nas organizações de saúde**. Porto Alegre: Dacasa, 2000.

QUINTO NETO, A.; GASTAL, F. **Acreditação hospitalar**: proteção dos usuários, dos profissionais e das instituições de saúde. Porto Alegre: Da casa; Instituto de Administração Hospitalar e Ciências da Saúde, 2004.

RABAGLIO, M. O. **Foco no cliente**: satisfação em ter clientes felizes. Disponível em: <http://www.guiarh.com.br/o3.htm>. Acesso em: 29 mar. 2017.

RAGO, W. V. Adapting Total Quality Management (TQM) to Government: Another Point of View. **Public Administration Review**, [S.l.], v. 54, n. 1, p. 61-64, Jan./Feb. 2007.

RÊGO, M. M. S.; PORTO, I. S. Implantação de sistemas de qualidade em instituições hospitalares: implicações para a enfermagem. **Acta Paul Enferm.**, Rio de Janeiro, v. 18, n. 4, p. 434-8, 2005. Disponível em: <http://www.scielo.br/pdf/ape/v18n4/a13v18n4. pdf>. Acesso em: 29 mar. 2017.

RENARD, J. **Teoria si Practica Auditului Intern**, Editia a IV-a. Bucaresti: Ministerul Finantelor Publice, 2002.

RIOLINO, A. N.; KLIUKAS, G. B. V. Relato de experiência de enfermeiras no campo de auditoria de prontuários: uma ação inovadora. **Revista Nursing**, São Paulo, v. 65, n. 6, p. 35-38, out. 2003.

RODRIGUES, M. V. et.al. **Qualidade e acreditação em saúde**. Rio de Janeiro: FGV, 2011.

RODRIGUES, V. A.; PERROCA, M. G.; JERICÓ, M. C. Glosa hospitalares: importância das anotações de enfermagem. **Arq. Ciênc. Saúde.**, v. 11, n. 4, p. 210-224, out./dez. 2004. Disponível em: <http://www.rdconsultoria.com.br/ Downloads/Educa%C3%A7%C3%A3o%20Continuada/ Administra%C3%A7%C3%A3o%20Hospitalar/Glosas%20 Hospitalares.pdf>. Acesso em: 29 mar. 2017.

ROSA, V. L. **Evolução da auditoria em saúde no Brasil**. 32 f. Monografia (Especialização em Auditoria em Saúde) – Centro Universitário Filadélfia, Londrina, 2012. Disponível em: <http:// web.unifil.br/pergamum/vinculos/000007/000007B1.pdf>. Acesso em: 29 mar. 2017.

SANTANA, J. P. de.; ALMEIDA, M. J. de. **Contribuições sobre a gestão da qualidade em educação médica**. Brasília: OPAS, 1994. (Série Desenvolvimento de recursos humanos n. 7). Disponível em: <http://bvsms.saude.gov.br/bvs/publicacoes/cgqem_completo.pdf>. Acesso em: 29 mar. 2017.

SANTOS, C. E. T. D. **A relevância do enfermeiro na auditoria de contas médicas**. Monografia (Trabalho de Conclusão do Curso de Pós-Graduação) Campinas, 2008.

SANTOS, L. C.; BARCELLOS, V. F. **Auditoria em saúde**: uma ferramenta de gestão. 8 f. Trabalho de conclusão de curso (Especialista em Gestão e Auditoria em Saúde) – Centro Universitário Unieuro, Brasília, 2009. Disponível em: <http://bdjur.stj.jus.br/jspui/bitstream/2011/29978/Auditoria_Sa%C3%BAde_Val%C3%A9ria%20Figueiredo.pdf>. Acesso em: 29 mar. 2017.

SASIENI, P. Routine Audit is an Ethical Requirement of Screening. **British Medical Journal**, Londres, v. 322, May 2001.

SENGE, P. **A quinta disciplina**: arte, teoria e prática da organização de aprendizagem. 11. ed. São Paulo: Best Seller, 1998.

SHIBA, S.; GRAHAM, A.; WALDEN, D. A **New American TQM**: Four Practical Revolutions in Management. Portland: Productivity Press, 1993.

SILVA, A. M. B. de S. da et al. Gestão da qualidade do serviço hospitalar em organizações privadas de saúde do Estado do Rio de Janeiro: estudo de caso comparativo. In: CONGRESSO NACIONAL DE EXCELÊNCIA EM GESTÃO, 6., 2010, Niterói-RJ. **Anais...** Rio de Janeiro: Inovarse, 2010, p. 1-22. Disponível em: <http://www.inovarse.org/sites/default/files/T10_0215_1049_5.pdf>. Acesso em: 29 mar. 2017.

SILVA, A. P. et al. A importância do líder democrático para o colaborador. **Fabe em Revista**, v. 6, n. 7, 2016. Disponível em: <http://www.fabeemrevista.com.br/7/integra/03.pdf>. Acesso em: 3 abr. 2017.

SITZIA, J.; WOOD, N. Patient Satisfaction: A Review of Issues and Concepts. **Social Science and Medicine**, [S.l.], v. 45, n. 12, p. 1829-1843, 1997.

SOARES, A. de S.; KULKAMP, I. C. **A criação de indicadores para a consolidação da farmacovigilância e da farmácia clínica na gestão da qualidade em farmácia hospitalar**. Disponível em: <http://www.cff.org.br/userfiles/2006%20 -%20Farmac%C3%AAutico%20-%20Irene%20Clemes%20 Kulkamp%20e%20Alessandra%20Soares(1).pdf>. Acesso em: 28 mar. 2017.

TANAKA, L. C. T. Repensando o papel da liderança na área da saúde. **Revista Eletrônica Academia de Talentos**, v. 3, p. 28-43, ago. 2003. Disponível em: <http://www.academiadetalentos.com.br/ novo/revista3_repensando.htm>. Acesso em: 29 mar. 2017.

TEBOUL, J. **Gerenciando a dinâmica da qualidade**. Rio de Janeiro: Qualitymark; Fundação Dom Cabral, 1991.

TEIXEIRA, V. M. P.; INÁCIO, H. C.; SOUSA, J. F. C. de. **Impacto da auditoria interna na externa**: ótica do auditor externo. Disponível em: <http://www.occ.pt/news/comcontabaudit/ pdf/77.pdf>. Acesso em: 29 mar. 2017.

TOMAÉL, M. I.; ALCARÁ, A. R.; DI CHIARA, I. G. Das redes sociais à inovação. **Ciência da Informação**, Brasília, v. 34, n. 2, p. 93-104, maio/ago. 2005. Disponível em: <http://www.scielo.br/ pdf/ci/v34n2/28559.pdf>. Acesso em: 29 mar. 2017.

TOSTES, D. O. **Gestão da qualidade como ferramenta estratégica para a competitividade nas organizações.** 45 f. Monografia (Especialização em Gestão Empresarial) – Universidade Candido Mendes, Rio de Janeiro, 2011.

VAITSMAN, J.; ANDRADE, G. R. B. de. Satisfação e responsividade: formas de medir a qualidade e a humanização da assistência à saúde. **Ciência & Saúde Coletiva**, v. 10, n. 3, p. 599-613, jul./set. 2005. Disponível em: <http://www.scielo.br/scielo.php?script=sci_arttext&pid=S1413-81232005000300017>. Acesso em: 28 mar. 2017.

VAN AKEN, J. E.; WEGGEMAN, M. P. Managing Learning in Informal Innovation Networks: Overcoming the Daphne-Dilemma. **R&D Management**, Oxford, v. 30, n. 2, p. 139-149, Apr. 2000.

VIDAL, E. C. F. et al. Gestão da qualidade nas instituições hospitalares. In: CONGRESSO BRASILEIRO DE POLÍTICA, PLANEJAMENTO E GESTÃO EM SAÚDE, 2., Belo Horizonte, 2013. **Anais...** Belo Horizonte, 2013. Disponível em: <http://www.politicaemsaude.com.br/anais/trabalhos/publicacoes/152.pdf>. Acesso em: 29 mar. 2017.

VIDIGAL, R. R. **Contributo para a gestão da qualidade clínica num serviço de radiologia.** 117 f. Dissertação (Mestrado em Gestão da Saúde) – Universidade Nova de Lisboa, Lisboa, 2011. Disponível em: <https://run.unl.pt/bitstream/10362/5303/3/RUN%20-%20Disserta%C3%A7%C3%A3o%20de%20Mestrado%20-%20Rita%20Vidigal.pdf>. Acesso em: 28 mar. 2017.

VIEIRA, M. M. F. Poder, objetivos e instituições como determinantes da definição de qualidade em organizações brasileiras e escocesas. **Revista de Administração Contemporânea**, Curitiba, v. 1, n. 1, p. 7-33, jan./abr. 1997. Disponível em: <http://www.scielo.br/scielo.php?script=sci_arttext&pi d=S1415-65551997000100002>. Acesso em: 29 mar. 2017.

WOOD JUNIOR T.; CALDAS, M. P. Antropofagia organizacional. In: _____. **Transformação e realidade organizacional**: uma perspectiva brasileira. São Paulo: Atlas, 2005.

WOOD JUNIOR, T.; URDAN, F. T. Gerenciamento da qualidade total: uma revisão crítica. **Revista de Administração de Empresas**, São Paulo, v. 34, n. 6, p. 46-59, nov./dez. 1994. Disponível em: <http://www.scielo.br/pdf/rae/v34n6/a06v34n6.pdf>. Acesso em: 29 mar. 2017.

ZANON, U. **Qualidade da assistência médico-hospitalar**: conceito, avaliação e discussão dos indicadores de qualidade. Rio de Janeiro: Medsi, 2001.

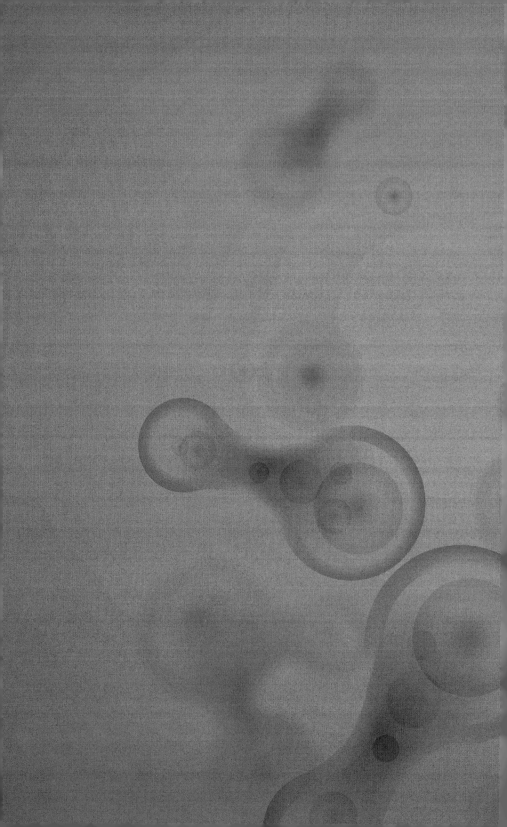

Respostas

Capítulo 1

Questões para revisão

1. b

   A afirmativa II está incorreta, pois quem criou a administração científica e as células de produção foi Taylor e não Ford. A opção IV está incorreta, pois não existia a figura de técnico em qualidade, mas sim de supervisor e não existia a função de elaboração do manual de qualidade.

2. Nessa questão espera-se que o leitor compreenda de forma abrangente a gestão da qualidade na atenção em saúde, na perspectiva preconizada por Donabedian, relacionando seus efeitos e repercussões com a excelência do atendimento e com o processo de acreditação, uma vez que a gestão da qualidade eficiente é a origem desses dois outros conceitos.

3. d

   As duas primeiras frases analisadas estão corretas conforme do texto, assim como a última. A terceira sentença está incorreta considerando que a identificação de erro e falhas não é a principal função da auditoria, mas sim documentar informações que permitissem o exercício permanente da avaliação dos serviços de saúde, agrupando uma seleção de indicadores para aferir a evolução do atendimento e da qualidade em uma série histórica, na perspectiva preventivas muito mais do que corretiva.

4. b

Na letra A, é incorreto afirmar que consultorias podem conduzir o processo de acreditação; na letra C, é incorreto dizer que o processo é público, já que é reservado, ou seja, as informações coletadas em cada organização de saúde no processo de avaliação não são divulgadas. A opção D está incorreta, pois a acreditação não surgiu no contexto da enfermagem, mas sim da área médica.

5. Para responder satisfatoriamente essa questão é preciso utilizar informações apresentadas no próprio livro e também pesquisa em outras fontes. Para uma linha do tempo significativa, é desejável que contenha um mínimo de 20 pontos relevantes sobre a história da acreditação hospitalar no Brasil desde 1970 até a atualidade.

Capítulo 2

Questões para revisão

1. c

A alternativa C é a única que apresenta correta correspondência entre os critérios e a definição de cada um tendo em vista as definições dos critérios de excelências da FNQ abordados no livro.

2. a

As definições de programa de zero defeito e engenharia da confiabilidade estão invertidas, portando essas duas estão falsas e as outras duas verdadeiras.

3. Para responder a questão, o leitor deve refletir sobre a diversidade de interesses que interagem em um hospital, que nem sempre são

convergentes, e quais os grupos de interesse que operam essa correlação de forças entre as questões técnicas, contábeis, éticas, políticas públicas e o perfis dos profissionais.

4. b

As duas razões para o fracasso de programas de qualidade – a antropofágica e a percepção hegemônica – estão corretamente definidas na opção B.

5. Para construir a reflexão a respeito da auditoria hospitalar na perspectiva da necessária relação entre a auditoria que deve realizada nas áreas de enfermagem, farmacêutica, laboratorial, médica e administrativa, é preciso ter em mente que a auditoria de enfermagem (a mais estudada e referida) vincula-se à auditoria médica e a todas as demais, com uma relação de interdependência. Existem sim critérios específicos que são abordados em cada uma dessas auditorias, mas é preciso também vê-las como um todo sistêmico.

Capítulo 3

Questões para revisão

1. c

A afirmação III está incorreta porque mesmo com capacitação adequada e união entre a equipe, resistências são naturais e parte do processo de construção da inovação e da qualidade.

2. b

Os profissionais e setores devem desempenhar suas funções laborais em processos permeados por qualidade e protocolos fundamentados. Assim, não existem atividades de gestão da qualidade, mas sim atividades funcionais desempenhadas com qualidade.

3. Dentre os cuidados que devem ser tomados para assegurar o correto julgamento da realidade do serviço hospitalar prestado no que se refere a indicadores de desempenho e avaliação da qualidade do serviço, podemos destacar: análise de diferentes dados; compreensão

da importância de todas as etapas; análise de resultados; balanço de questões financeiras.

4. As cinco condições a serem contempladas pelos laboratórios clínicos, segundo o Manual para Acreditação do Sistema de Qualidade de Laboratórios Clínicos, são: independência, integridade e imparcialidade; cooperação com clientes; cooperação com as autoridades sanitárias; programa externo de avaliação da qualidade ou de teste de proficiência; cooperação com o DICQ.

5. d

6. Todas as sentenças apresentam definições corretas com relação às três atividades de P&D.

Sobre a autora

Gabriela Eyng Possolli é doutora em Educação pela Universidade Federal (UFPR), mestre em Tecnologia pela Universidade Tecnológica Federal do Paraná (UTFPR), licenciada em Pedagogia pela Pontifícia Universidade Católica do Paraná (PUCPR) e bacharel em Análise de Sistemas, também pela PUCPR. Atua como professora do corpo permanente de docentes do Programa de Pós-Graduação em Ensino nas Ciências da Saúde da Faculdades Pequeno Príncipe (FPP) e coordenadora de educação a distância na mesma instituição. É pesquisadora e autora na área de tecnologias aplicadas à educação em saúde, políticas educacionais e educação especial. Tem experiência de 15 anos com tutoria, docência e *design* instrucional na educação superior.

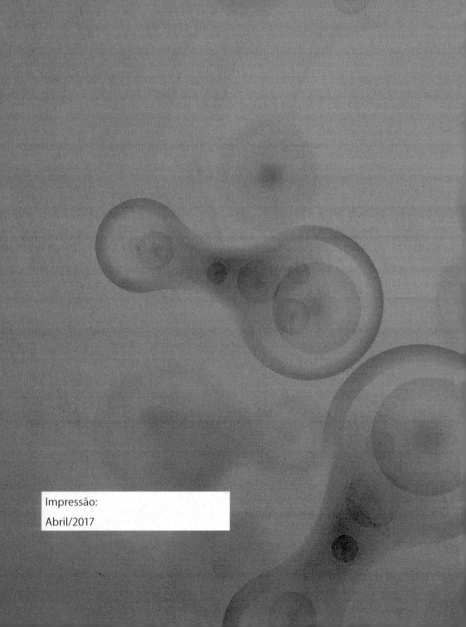

Impressão:
Abril/2017